真宗文庫

望郷の問い

—永遠の人 親鸞—

伊東慧明

本書について

人間とは何か——。これは人類の誕生とともに始まった原初の問いであり、私はどこから来てどこへ帰るのか、人間存在の故郷を求める純粋な問いです。それは、私たちの日常を離れてあるものではありません。人生が思うようにならない時、忙しい日々にふと空《むな》しさを感じる時、みずからの〝死〟を意識する時…、「人間《わたし》とはいったい何か」、「この人生はどこへ向かうのか」と、問わずにはいられないのが私たちではないでしょうか。そしてこの問いは、釈尊《しゃくそん》（お釈迦《しゃか》さま）が王宮の何不自由のない生活を棄《す》て、求道の旅へと出立《しゅったつ》することとなった、仏教における根本課題でもあるのです。

その課題に真向かってきた仏教の連綿《れんめん》たる歴史において、平安末期の日本に生まれた僧・親鸞聖人《しんらんしょうにん》の明らかにした教えを仰《あお》いできたのが浄土真宗です。そして、真宗大谷派では、近代に至って教えが因習化・形骸化しつつあるという危機感から、私たち一人ひとりの生きる依《よ》りどころとなる、本来の教えに還《かえ》ろうという動き（同朋会運動《どうぼうかいうんどう》）が起こりました。現在まで続くその運動の中で掲げられたテーマが、本書の章立てともなっている「人間」「本願」「念仏」「信心」「生活」の五つです。

物質的・経済的価値観に翻弄され、流転《るてん》の人生を免《まぬが》れない現代《いま》、「人間」とは何かという永遠の問いに立つ私たちに、親鸞の教え（「本願」・「念仏」・「信心」）はいかに応え、そこからどのような「生活」が始まっていくのか——。

本書をとおして、人間として生まれた私たちの根本課題を、帰るべきいのちの故郷を仏教にたずねる歩みが始まるご縁となることを願っています。

東本願寺出版

もくじ

序章

一　如来と人間の関係　10
二　衆生の本国　17
三　自力は尽くさねばならぬ　25
四　浄土から来た人　34

人間の章

一　死もまたわれらなり　46
二　まこと心の回復　56
三　仏となる人の誕生　66

本願の章

一　母なる大地　80
二　浄土の憲法　91
三　如来国家の人民　99
四　心も身も癒す願い　107

念仏の章

一　煩悩は力なり　120
二　転成のはたらき　129
三　いのちの活動　140
四　法蔵菩薩の誕生　149

信心の章

一　信は力なり　160
二　我の内に如来あり　168
三　人間成就のはじめ　179
四　如来より誕生する　194

生活の章

一　真宗の生活　208
二　南無する人　215
三　浄土と穢土の対応　224
四　闇にかがやく宿業　233

〈凡例〉

＊本文中の「聖典」とは、東本願寺出版発行の『真宗聖典』を指します。

＊本書は、一九八三年初版発行の『入門浄土真宗　真宗の教え―顕現さるべき私―』を文庫化したものです。文庫化に際し東本願寺出版の責任の下、以下のとおり編集を加えました。

・読みやすさを考慮して一部文言を修正、ルビを追加整理しました。

・引用文は可能な限り原典に基き確認し、仮名遣いを現代仮名遣いに統一しました。

序章

一　如来と人間の関係

現代を生きる私たちにとって、「今こそ〝親鸞〟が必要だ」という多くの人びとの声が聞こえてきます。時代の隔《へだ》たりを超え、民族の異《こと》なりを超え、思想の違いを超えて求められる〝親鸞〟という名の人がおられる。このことは、ただごとではないと思います。

その親鸞聖人によって明らかにされた宗教、それが大乗《だいじょう》仏教の真宗《しんしゅう》、浄土の真宗です。こんにち、この激動する時代・社会の中で、人生の依《よ》りどころを求め、生きることの意義を見いだしたいと願う人びとと共に、真宗の教えを、どのように理解し、どのように表現し、そしてそれを多くの人びとに、どのように伝えればいいのでしょうか。

おもえば、私たちの先達《せんだつ》は、その時その時、それぞれの場において、この課題を明らかにするために、努力のかぎりを尽くしてくださいました。それが今、真宗の伝燈《でんとう》として、現に私たちに与えられている仏道の歴史なのです。近くは明治以降、ことに真宗大谷派についていえば、現在の※同朋会運動《どうぼうかいうんどう》もこの願い――「真宗再興」という願いの実践です。

※「同朋会運動」とは、一九六一（昭和三十六）年の宗祖《しゅうそ》親鸞聖人七百回御遠忌《ごえんき》法要を機縁として、「真宗門徒一人もなし」という宗門内の自己批判から始まった信仰復興運動。

この運動発足にあたり、「人間」「本願」「念仏」「信心」「生活」という五つの問題をとおして、真宗の教えを問い直そうという動きがありました。

まず、「人間」とは何か。

これは、人間の初めと共に始まった最も原初的な問いであり、人間として生きるかぎり尽きることのない永遠の、最も根源的な問いです。「人間とは何か」、「自己とはなんぞや」、「私って何でしょう」ということです。これは、仏教における最初の問いです。釈尊《しゃくそん》（お釈迦《しゃか》さま）が、国王となるべき身分を捨てて出家《しゅっけ》なさったのは、死すべきものとして生まれてきた人間、さまざまな苦難の中に病《や》むこともあり、やがて年老いていかなければならないこの人間、それが問題だったのです。しかもこの人間が現代では、人類のみにかぎらず、すべての生物の死活をも内につつんで、問いなおされねばならないのです。これに対して仏教は、どのように答えるのでしょうか。ことに親鸞聖人によって明らかにされる人間とは、いったいどのようなものでしょうか。

こうして、「人間」とは何かと問いながら、その真実のすがたを求めて、真宗の教えに耳を傾けるとき、そこに聞こえるのが「本願」であり「念仏」であり「信心」です。そして、浄土真宗は私たちに、どのような「生活」を与えるのでしょうか。

このたび、「浄土真宗の教え」、「親鸞聖人の教え」という問題を与えられた私は、この五つの問題を手がかりとしてその教えをたずねることにしたいと思うのです。本論に進むにさきだって、いわばイントロダクション（序説）として、しばらくお話をさせていただきます。

まず、私の念頭を離れない言葉をご紹介したいと思います。

それは作家の高史明《コサミョン》さんの言葉ですが、高さんは、きびしく重い人間業《ごう》に耐えながら、在家の念仏者として、この時代を生きるものの目ざすべきところはどこかと、その身をもって語っておられます。この方は在家の同朋会運動の推進者です。わずか十二歳のご子息の自死という逆縁を契機として、『歎異抄《たんにしょう》』を読み、親鸞聖人の教えを求め、

いま、ふかきいのちにめざめて
念仏に立つ
念仏よ　おこれ

と呼びかけてくださいます。

また、現代の文明の危機的状況の中から、私たち人間が救われていく道は何かということについて、次のような発言をお聞きしたことがあります。

一切の有情《うじょう》（生きとし生けるもの）の立場で、人間世界を見直し、一切有情と共に生きていく道を見つけていく。そうするならば、わたしども現代までできた人間の頭の中も、また変えていくことができるであろう。

そのためには、どうしても〝念仏に立つ〟ということが、根本から大事ではないかと思う。

では、浄土真宗とは何か。これについて、大谷派の学僧の曽我量深《そがりょうじん》先生（一八七五～一九七二）は、「浄土真宗の眼目《がんもく》は、本願成就《ほんがんじょうじゅ》である」と教えてくださいました。

ここにいう「本願」とは、阿弥陀如来《あみだにょらい》の本願であり、「成就」とは、実現とか完成という意味です。人間に生まれ、人間として生きることの完成――人間成就は、本願成就のほかにはありません。このことを明らかにしてくださったのが、親鸞聖人です。

冒頭で、真宗の教えが五つの問題をもって明らかにされてきたと話しました。それらはみな大切な問題点であって、そこに軽重があるわけではありませんが、その根本は、本願成就です。この一点をおさえてみれば、人間も、本願も、念仏も、信心も、生活も、あるいは浄土も、それらは立体的にダイナミックにかかわりあってはたらく、人間成就の内実であると知らされます。

本願とは、人間（さらにひろく衆生《しゅじょう》）にかけられた如来の願いです。本来性を失って闇にさまよい、その重い業に耐えかねて苦悩する有情を発見された如来は、そのかなしみ──「悲《ひ》」すなわち痛みを契機として「救おう」と思いたち、「救いたい」、「救わねばならぬ」と決意してくださいました。その意欲、その意志を如来の本願といいます。人間を救いとげようとして、如来は、一切の力を人間に捧《ささ》げて、しかもその償《つぐな》いを求められない。その、純粋無私《むし》の意欲、純粋無垢《むく》の意志、これが本願です。

この願いを実現するために、如来は、思惟《しゆい》（思案）のかぎりを尽くして、人生の帰依処《きえしょ》（生の依るところ・死して帰るところ、すなわち浄土）を建設してくださいました。そしてその浄土の道として選び取られたのが、南無阿弥陀仏《なむあみだぶつ》です。念仏も信心も、眼《まなこ》なき人間の眼となり、力なき人間の力となりたもう如来の、悲心《ひしん》の表現です。悲心の表現を回向《えこう》といいます。如来は、御身《おんみ》みずからの全力を与えて、人間の力となってくださった。その力を受ける立場から、私たちは、この回向のはたらきを「如来よりたまわる」というのです。如来の力を人間にたまわる、これが本願力《ほんがんりき》（すなわち他力《たりき》）の回向です。

したがって、ひとことでいえば、本願成就、くわしくは如来の本願力の回向成就、これが浄土真宗です。

私たち人間は、如来の力をたまわるとき、初めてこの動乱の人生を生きぬき、業苦《ごうく》の人生を生きる人間として、新生します。その意味において、本願成就とは、人間が真の人間（すなわち真人《しんじん》・仏陀《ぶっだ》）に成《な》っていく、新しい人間の誕生なのです。

二　衆生の本国

私たちが宗教をおもい、救いを求めるのは、それぞれの人にそれぞれの、きびしく重い問題があってのことでしょう。若者には若者の、老人には老人の苦悩があります。また人生には、世代の違いにかかわりなく、愛と悩みとの相剋《そうこく》があり、善と悪との確執《かくしつ》があります。不安を克服して平安をという願い、逆境を逃れて順境をという欲求が、私たちを求道《ぐどう》の旅に出立《しゅったつ》せしめるのです。

ところが、求め求めて、ついに到り着くことのできた親鸞聖人の教えによって開かれた世界には、順逆も、善悪も、老少も、それら一切の相対的な違いによる差別はありません。

弥陀《みだ》の本願には老少善悪《ろうしょうぜんあく》のひとをえらばれず。

（『歎異抄』第一条・聖典六二六頁）

（アミダの本願には、老人であるとか、若者であるとか、善人だとか悪人だと

かというような差別はない）

私たちが生きる世界は、老人あり青年あり、善人があり悪人があります。しかし、それらはこの人生における違いであって、ひとしく一切の有情にかけられた如来の本願は、平等であり一如《いちにょ》なのです。

私たちは、この本願よりたまわる道において、初めて順逆を超え、愛悩を超え、老少を超え、善悪を超えしめられて、人生から救われていく。新しい、ここから始まる人間成就の道―南無阿弥陀仏の大道を、限りなく歩み進むのです。したがって、この道にあっては、求道の動機となった人生の問題は、すべてみなこの道に立たしめるための手だて（方便《ほうべん》）であったと、解決されていくのです。

ですから、〝求道〟ということばを用いる場合にも、その意味内容は必ずしも同じではありません。二つの大きな違いがあります。一つは、「救いはどこか」と、その道のありかを探し求めることであり、今一つは、求め得た道に立ちつつ、その道の由来する根源に向かう歩みです。前者は、成就を未来に期待し、後者は、成就を現在にたまわる。浄土の仮宗《けしゅう》（方便）と、浄土の真宗（真実）です。

しかしながら私は、このように述べつつ、この身に、如来の心をたまわるということ、如来の力をいただきるということの、まことに容易でないことを思わずにおれません。

石川県の加賀市に、ある老婦人がおられましたが、あるときしみじみと話されました。

私は、毎朝、玄関さきの掃除をします。ところがある朝、それを怠《おこた》りました。すると隣の人が、「めずらしいことですね」と言われます。翌朝、掃除をしながら気づかされましたのは、隣人の目を意識している自分でした。お掃除一つが無心にできない。自分の善行にしているのです。

さらにことばをついで、おっしゃいました。

お内仏《ないぶつ》（仏壇）にお花をあげ、お香をたき、前に座って、「今日もこうしてお参りさせていただきます」と、お念仏申しながら、仏さまから、〃よい子だ〃と認められたり、ほめられたいと思っているのです。無慚無愧《むざんむき》のこの身だと、仏前に座ったはずなのに、いつの間にか、座っていることそのことを「善として認めてください」とお念仏申しているのです。

ここには、まことにきびしく、自分を見つめておられるすがたがあります。

このような目覚め、このような懺悔《さんげ》をもたらすのは、いったいどこからくる光のはたらきでしょうか。

闇深くして光は愈々《いよいよ》さえ光り、光強くして闇の愈々深きを知る。

（正親含英『悲心のひびき』）

煩悩に底がない、故に大悲は無蓋無底《むがいむてい》である。生死《しょうじ》にほとりないから、本願に窮《きわ》みもない。

（同前）

闇に蠢《うごめ》く衆生―、生死の苦海に浮沈する有情を発見されたときの、如来の驚きと痛みと悲しみは、私たち人間の悲しみとは質を異《こと》にします。人間における喜怒哀楽《きどあいらく》の哀しみとは、本質的に違ったものです。

如来の悲心は、ことに「大悲」とよばれます。大とは、その心が一切におよび、一切を包むところの、普遍的なものであることを示します。それとともにまた大は、その絶対性をもあらわしています。たとえば、大乗仏教というときの大は、一切を残らず乗せて彼岸にわたす唯一の乗り物（一乗《いちじょう》）であると同時に、これは、いかなる暴風駛雨《ぼうふうしう》にもゆるがない絶対の乗り物（大乗）をも意味するものです。

また、大は真実を意味します。悲しむべきことを、本当に悲しむもの、それは如来の悲しみです。存在の故郷を見失って彷徨《ほうこう》し漂泊《ひょうはく》する流転《るてん》の旅人に、「汝《なんじ》、ただちにきたれ」、「本国にきたれ」とよびかけられる如来の悲心、それは無慚無愧を懺悔せしめ、虚仮不実《こけふじつ》の現実にかえらしめんとする如来（真実）の、大悲にほかならないのです。

私たちは日常、「本来」ということばを安易にもちいることが多いのですが、仏教に照らしていえば、本来の「本」とは、如来の「如」です。一如の世界こそ、衆生の本国です。したがって、衆生の本来性《ほんらいせい》は、如来性《にょらいしょう》なのです。

この如来性は、ことばをかえていえば仏陀性《ぶつだせい》です。この仏陀性を略して仏《ぶっ》性《しょう》といいます。仏性は、仏のさとりそのものの性質、仏陀の本性といわれるとともに、本来仏陀となるべきものとして、仏になる可能性をもつものとも解されています。

また、日頃私たちは、安易に「凡夫《ぼんぶ》にすぎない」とか「つまらない衆生だ」などと言うことが多いのですが、ここにもまた注意すべき大切な問題がありま す。なぜならば、凡夫とは、大悲の智慧《ちえ》に照らされて明らかになった人間の実《じっ》相《そう》であり、自身に目覚めた人間が自己を語る自覚の表現だからです。衆生というのもまた「衆生よ」という如来のよびかけに目覚めたものであり、悲心の中に摂取《せっしゅ》された存在なのです。

このことについて、曽我量深先生はこのように言われました。

如来に敬《けい》せられ、如来に愛せられ、如来に信ぜられ、如来に念ぜられ、かくしてわれは、よく如来を信ずることを得る。

人生の途上、私たちは、事にあたって煩悶《はんもん》し苦悩して、救いを宗教に求めます。しかし、求め求めて遇《あ》いえた本願の教えに聞けば、如来は、すでに久しく、このときをお待ちしていたのでした。私たちが、仏を念じ、仏を信ずるに至るに先立って、私たちは、すでに仏から念ぜられ、仏から信ぜられていたのです。

あなたの本来は、如来である。

あなたは必ず、仏陀となられる。

この、衆生に対する絶対の信頼、それが本願であり、その悲心の表現が念仏です。

不安を克服して平安を、逆境を逃れて順境をと、願い求めて仏道に出遇《であ》ったとき、そこに明らかになってきたのは、仏を求める私が、実は仏から待たれていたということです。真実に仏を念ずることを知らない私が、仏から真実に念ぜられていたということです。この、お待ちくださっていたものとの出遇い、これが、如来よりたまわった出遇い、すなわち本願力の回向成就です。

この出遇い（本願成就）によって開かれた世界の内景が、光の如来と闇の衆生です。そこでは如来は、その悲願によって、一切の衆生を、如来の内なる存在として待遇してくださっています。衆生とは、すなわち如来内存在なのです。

たしかに今私たちは、穢土《えど》とよぶべきこの世界にいます。この世における業《ごう》縁《えん》の絆《きずな》は、強く固く私たちを束縛するかのようです。しかし、たとえ私たちが、この世間にあって、いかなる処遇を受けていようとも、如来は衆生を仏子《ぶっし》として待遇される。仏子とは、やがて仏となって仏家《ぶっけ》を継ぐものです。

三 自力は尽くさねばならぬ

私はふとしたご縁で、日蓮正宗法華講《にちれんしょうしゅうほっけこう》の信徒のお方と二度にわたり、のべ約十時間ほどお会いする機会を得ました。その会見に至る経緯《いきさつ》は略しますが、申し入れは〝法論《ほうろん》を〟ということでした。

「法論は避けたい」という私に対して、重ねての申し入れは、「真宗の教義についてお尋ねしたい」ということでした。質問であれば、避ける理由はありません。場所は三重県伊勢市にある寺院でした。主賓は四十歳くらいの方で、同伴者は地元のご信徒が三名ほどでした。

ことばをかわすに先立って、私はその人に、〝法華の行者たらんとする気魄《きはく》〟というか、〝行者であることの気概《きがい》〟を感じました。私が着座するまで、勧めがあっても、座布団を用いず、お茶にも手をつけず、そして対談の最後まで正座をくずさず、終始私の眼を正視しておられました。

わざわざ伊勢まで足を運ばれた目的は、法論の実現であり、その予備折衝《せっしょう》ということでした。つまり私を法華講中でも地位のあるお方に引き合わせたい、その上で対話をというご希望のようでした。私は申しました。

「信仰の問題に明日はありません。ご質問が、あなたご自身のものなら、今ここで、あなたと語りあいましょう」

それから約五時間、第一回目の対話をしました。そして残った問題は後日の、第二回目の会見に引きつがれました。

質問の要点は、次の三問でした。

一、真宗では、浄土の三部経を正依《しょうえ》の経典とするが、それはなぜか。

二、阿弥陀如来を本尊《ほんぞん》とするが、それはなぜか。

三、阿弥陀仏について、十劫正覚《じっこうしょうがく》といい、また久遠実成《くおんじつじょう》ともいうが、その根拠は何か。

その質疑の問答の前に、私は、次のようにお尋ねしました。

「あなたが、今、宗派の垣根をこえての話し合いを望まれる動機には、キリスト教でいわれるところの、いわゆる※エキュメニカルな運動をという願いがあるのでしょうか」

※エキュメニカル運動とは、キリスト教各派の合同をめざす、全キリスト教会・世界教会の実現を願っての運動。さらにそこから展開して、現代社会において宗教は必要か、無用か、宗教の役割は何かと問われる今、広く各宗教相互の協調が可能かどうか、その道を探さねばならないという動きもみられる。

それは、私自身、この対話に臨む姿勢を明確にしておきたかったからです。

しかし、関心は、そこにはありませんでした。

問 『無量義経《むりょうぎきょう》』に「四十余年未顕真実」（釈迦が、さとりを開かれての後、四十余年の間は、まだ真実の教えは説かなかった）とある。だから、その後に説かれた『法華経』こそ真実教で、浄土の三部経は方便の教えではないのか。なぜ『法華経』に依らないのですか。

答　それは〝人間〟の問題です。

たしかに『法華経』は、大乗の教えの中でもすぐれたものですが、法然《ほうねん》や親鸞は、その『法華経』中心の、当時の比叡山《ひえいざん》の落第生なのです。人間の中の下々《げげ》の下《げ》、底下《ていげ》の自分に目覚めた人間は、何によって救われるのか。そういう問題です。

問　真宗では、法より機を重んじる傾向が強いようですが、機が劣っていればそれだけ、法は最勝《さいしょう》でなければならない、と思いますが…。

答　その『法華経』の落第生がいるのです。

問　娑婆即寂光土《しゃばそくじゃくこうど》（この迷いの世界が、すなわちこのまま、この上もない浄土である）ということであれば、浄土など不要ではありませんか。

答　……。

問　勝法《しょうほう》（『法華経』）によらないものは、地獄に堕ちるとあります。

答 そうです。地獄しか行きどころはないのです。だから、地獄へ行ける人間にしてくださるのです。

この対話が法論となり、やがて諍論《じょうろん》（言い争い・理論闘争）へと転ずるのを避けようとする私は、〝負《ふ》〟からの出発でなければなりませんでした。しかし、勝の意識を離れての対話が私にできるのかどうか。それは、決して容易なことではありません。

はたして、それを自らに課したとき、私の念頭に浮かんだのは、「負けて信をとる」ということばでした。そのときの私にとって、そのことばは、虚心平気《きょしんへいき》に「負けて信をとる」ではなくて、負けてを条件にして信をとるという結果を求めるものでした。直ちにそこに〝計《はからい》〟がはたらくのです。負けたままそのままにできないのです。そのままに、負けきっていられないのです。

問 『智度論《ちどろん》』によれば、「依法不依人《えほうふえにん》」（法に依って人に依らざれ）とあります。

答　はい、それは大切なことです。

問　ところが真宗では、親鸞に依り、『歎異抄』を用いる。釈尊の真実教に依るべきではありませんか。

答　釈尊も人間です。人間にまでなってくださった如来です。その仏道が、今にまで伝承されてきているのです。そういう意味で私たちには、釈尊を生み出したものは何かという問題があるのではないでしょうか。釈尊以前の仏道です。

ここで私が「釈尊以前の仏道」と言ったのは、釈尊をしてこの世に出生せしめたもの、すなわち阿弥陀の本願をおもってですが、もちろん、それをことばにあらわすことはしませんでした。

その対話が、できるだけ先鋭化しないようにという配慮がそのお方にも十分にあるということは、ことばの選び方からも窺うことができました。したがって「法華一乗《ほっけいちじょう》」（『法華経』に説かれる教えこそ、唯一の真実の教えである）ということばも、対話の最後に至って、ただ一回おっしゃっただけでした。

問　やはり法華一乗、これが大乗の真実教というべきものである、と思います。

答　はい。それは大切な教えだと思いますが、法華一乗といえば、誓願《せいがん》一乗（阿弥陀の本願こそ真実の法である）ということもありますからね。

以上は、約十時間にわたる会話の、ごく一部にすぎませんが、これだけからでも、そのお方の仏教について、また他宗の真宗についての教養の広さが知られます。在家の信徒だと言われましたが、大いに啓発されることです。

ところで、いかに説得してもおそらく日蓮正宗に転宗することはないであろう私を相手に、遠路長時間、これほどまでに熱情を注ぐことのできるエネルギーの源《みなもと》は、いったい何なのでしょうか。

まず念頭に浮かぶのは、正法《しょうぼう》（『法華経』）を広宣《こうせん》し流布《るふ》するということです。正義は伝えねばならない。それが行者のつとめである。あたかもそれは、無償・無私の行為にも似て見えたのです。

しかし、その伝道の声に耳傾ける私に、あわせて聞こえてきたのは、〝自力は、尽くさねばならない〟ということばでした。自力が尽きなければ、他力（すなわち如来の本願力）の生は始まらない。だが、自力は、尽きて尽き果てるまで（自力無効の自覚にまで）、尽くさねばならない。尽き果てて初めて、自力を尽くさしめたもの、それが他力であると気づくのです。

法華の行者は、その自力の作善《さぜん》（善をなす、善を積むこと）に、一生懸命です。とすれば私が、そのお説を拝聴するということ、その自力の実践に参加するということは、それがそのまま、私に与えられた念仏行、他力回向のできごとです。この単純にして明快な事実に気づいたとき私は、その出会い（会見）を、「有り難いこと」として受けとることができました。

おもえばあの、無償にも似た行動力の底には、広宣流布の行、すなわち〝積《せき》善《ぜん》〟の結果に対する期待があるのでしょう。善は楽果《らくか》（幸福）をもたらすと信

じられています。しかしそこには同時に、悪をおそれ悪をにくむ心がありま
す。悪は苦果《くか》（その極にあるのが地獄）をまねくと信じられているからです。

何が善だやら、何が悪だやら何が真理だやら何が非真理だやら、何が幸福
だやら何が不幸だやら、何も知り分《わく》る能力のない私、（中略）此《この》私をし
て、虚心平気に、此世界に生死することを得せしむる能力の根本本体が、
即《すなわ》ち私の信ずる如来である。（清沢満之「我が信念」）

しかれば本願を信ぜんには、他《た》の善も要《よう》にあらず、念仏にまさるべき善な
きゆえに。悪をもおそるべからず、弥陀の本願をさまたぐるほどの悪なき
がゆえに（『歎異抄』第一条・聖典六二六頁）

（それゆえ、阿弥陀の本願を信ずるからには、他のどんな善も必要ではない。
念仏よりもすぐれた善はないからである。どんな悪もおそれることはない。
阿弥陀の本願をさまたげるほどの悪はないからである）

四　浄土から来た人

さて、私たち人間にとって、〝浄土〟とは、どのようなところでしょうか。その一生を、浄土の問題の究明に尽くされた大谷派の学僧である金子大榮《かねこだいえい》先生（一八八一〜一九七六）は、晩年、その浄土観の推移を、次のように述べておられます。

私はここで、おおけなくも、自分の一生をかえりみる。その初めは浄土とは理想の世界であるということであった。

（『聞思室日記』続々）

理想の世界といえば、この現実を超えたところという意味において、私たち人間の心に合致するようです。しかし、ここにいうところの浄土とは、聖道《しょうどう》自力の修行が行われるところとしての道場です。浄土とは聖道を完成するところであるという伝統の思想にほかなりません。そこに浄土教徒として生まれ育てられた先生としては、それに満足のできないものがあったといわれています。

それが浄土こそ実在の世界であると廻入《えにゅう》せしめたのである。（同前）

浄土とは、私たちにとっての単なる理想世界ではなくして、それは真実に存在するところの実在の世界である。といってはみても、これはただ「理想と実在と、言葉を入れ替えただけではないか」。自力の修行に対する念仏往生ということがはっきりしてきたとはいえ、もうひとつ晴《はれ》ばれとしないものがある。

それが今や浄土とは本願の世界であると知らしめられて、その浄土こそ生死《しょうじ》の帰依《きえ》となるものであることが明らかにせられた。（同前）

「生死の帰依」とは、生のそれに依り、死のそれに帰するところ、と解されますが、これについても先生は、むしろ自分としては「死の帰するところをもって、生の依るところとする」と言いたいともおっしゃっています。浄土とは何か。それは、この生死の人生の帰依処です。それは、如来の悲願によって荘厳《しょうごん》し象徴されるところの、われらの本国・永遠のいのちの故郷です。

本願成就の今ここに、この本願の歴史の流れを汲《く》んで、その本源をたずねる。今日あることの因縁《いんねん》を明らかにしようと、その根源を求めて遡《さかのぼ》る。この、いのちの根源―本来に向かっての旅こそ、実は、未来の浄土へ往生することである。浄土へ往生するということは、そこへ帰って往《ゆ》くのである。往くことは、帰って往くのである。

親鸞聖人は、浄土真宗の大綱《たいこう》について、

謹《つつし》んで浄土真宗を案ずるに、二種の回向《えこう》あり。一つには往相《おうそう》、二つには還相《げんそう》なり。（『教行信証』教巻・聖典一五二頁）

（動乱の現世を超えて静寂の浄土に向かう。これを往相という。浄土のさとりを身につけて煩悩の人生に応順する。これを還相というのである）

とおっしゃいました。往相とは「浄土へ」、そして還相とは「浄土から」です。その、浄土へ向かう往相の道は、浄土からの還相を前提としています。往相の出発点を私たちに与えるのは教えですが、その教えは、浄土からのはたらき、つまり還相の到着点です。だからこそ、その教えは浄土への道を、あやまりなく開顕《かいけん》するのです。

依法不依人（法に依って人に依らざれ）といえば、そのとおりですが、釈尊は単なる人ではありません。それと同様に、龍樹《りゅうじゅ》も天親《てんじん》も、あるいは法然も、単なる人ではありません。したがって私たちは、人間としての釈迦を出現せしめたもの、インド・中国・日本の三国に七高僧《しちこうそう》（七祖《しちそ》）を生み出したもの、その背景・その根源を明らかにしなければなりません。実はそれを親鸞聖人は、阿弥陀の本願と教えてくださるのです。釈尊の教え――ことにその真実の教えは、釈尊における阿弥陀の本願成就です。釈尊が、その身をもって体験された本願成就の境地、それが私たちに浄土への道を明らかにするのです。

弥陀《みだ》の回向《えこう》成就《じょうじゅ》して
往相還相《おうそうげんそう》ふたつなり
これらの回向によりてこそ

心行《しんぎょう》ともにえしむなれ
（「高僧和讃」曇鸞讃・聖典四九二頁）

（阿弥陀仏よりたまわるはたらき〈回向〉は、すっかり完成〈成就〉していて、それは浄土へ向かうはたらきと、浄土から再びこの世へ帰るはたらきと、二つである。これらの、本願のはたらきによって信心も念仏も、ともに得させていただくのである）

本願力の回向成就、これが往相と還相の二種のはたらきをもつのです。浄土へ向かうということは、浄土からのはたらきを前提とします。そしてその浄土の往還《おうげん》は、よき人（仏法の師・善知識《ぜんじしき》）の身をもって示されます。もし阿弥陀の本願がないならば、数多遺《あまたのこ》された釈尊の教えについて、いったい何が真実か、その判定に迷わねばなりません。その判定をめぐって争わねばなりません。そこで阿弥陀の本願は、釈尊の教えの証明者として、浄土の七祖を生み出し、「ここに仏道あり」「すでにこの道あり」と、本願念仏の歴史を開顕してくださるのです。

だから、「法に依って人に依らざれ」という教えは、よき人を誤《あやま》るなという誡《いまし》めでしょう。たとえよき人といえども、その人に執着《しゅうじゃく》するのは我執《がしゅう》であり迷いです。しかし、法に依るというのもまたその法に執《とら》われ、その法が主義・主張の依りどころとなるならば、これもまた迷いとして否定されねばなりません。ここでは、そのことを深く心にとどめておいて、そうして親鸞聖人にとっての法然上人は、人でありつつ、しかも単なる人ではなかったということを、見逃してはならないと思うのです。すなわちそれは、法然という人にまでなられた如来であったということ、つまり如来の人間化、如来の化身《けしん》であったということです。

智慧光《ちえこう》のちからより
　本師源空《ほんじげんくう》あらわれて
浄土真宗をひらきつつ
選択本願《せんじゃくほんがん》のべたまう

（「高僧和讃」源空讃・聖典四九八頁）

（阿弥陀仏の智慧の光、それをあらわすのが勢至菩薩《せいしぼさつ》であるが、その力から、われらの師・法然上人があらわれたまい、浄土のまことのおみのり〈真宗〉を開きつつ、南無阿弥陀仏をえらびとって、それを与えてくださる法蔵菩薩《ほうぞうぼさつ》の本願を、説きひろめてくださった）

阿弥陀如来化《け》してこそ
本師源空としめしけれ
化縁《けえん》すでにつきぬれば
浄土にかえりたまいにき
（同前・聖典四九九頁）

（阿弥陀仏が姿をかえて、わが師・法然上人となってあらわれてくださったのであった。人びとを救う目的をすでに達したので、浄土へお帰りになってしまわれた）

浄土から来られた人です。だから浄土へ帰られたのです。そのことは、往還の自由・自在を意味するものです。すなわち、親鸞におきては、ただ念仏して、弥陀にたすけられまいらすべしと、よきひとのおおせをかぶりて、信ずるほかに別の子細《しさい》なきなり。

(『歎異抄』第二条・聖典六二七頁)

と、親鸞聖人がこのように言いきることのできる人、すなわち「よき人」との出遇い、これが本願成就です。

南無阿弥陀仏の回向《えこう》の
恩徳広大《おんどくこうだい》不思議にて
往相《おうそう》回向の利益《りやく》には
還相《げんそう》回向に回入せり

(「正像末和讃」・聖典五〇四頁)

(南無阿弥陀仏の、われら人間をすくいたもう回向のはたらきの、その恩徳の広大の不思議によって、往相回向の利益として、〈方向を回転して〉はからずも還相回向に回入することとなった)

私は、この和讃《わさん》を拝誦《はいじゅ》するたびに思い出すことがあります。それは、一九七一（昭和四十六）年の三月十七日のことです。その年の六月二十日、曽我量深先生はご西帰なさったのですが、その先生を、金子大榮先生が病床にお見舞いになりました。そのとき、お二人の先生の対話の中で、先の和讃をとりあげて、曽我先生は金子先生に次のようにおっしゃいました。

還相回向というのは、法然上人のご苦労でございます。『正像末《しょうぞうまつ》和讃』の五十八首のご和讃の終りのほうには、往相還相の回向ということをおっしゃるですね。あれは法然さまにお会いしたということをお忘れにならないもんですから、……。（中略）往相還相のことは法然上人が身をもって教えていなさる。それで「回入せり」とおっしゃった。（乃至）法然さまというお方がいなさるんですからね。それですから、目《ま》のあたり間違いなく往相還相の回向にお会いした。法然さまにお会いしたから、往相還相の回向の教えにお会いした。（『浄土仏教の思想』第十五巻、中略筆者）

今私たちは、浄土真宗の教えは何か、それを問いつつあるのですが、親鸞聖人と法然上人との出遇い（値遇《ちぐう》）―すなわち「よき人」との出遇いにおいて開顕された教えが浄土真宗です。その往相・還相のはたらきの中にあるということそのことが、如来の本願力の回向成就です。そしてここに、人間に生まれ、人間として生きつつあるわれらの、人間成就が実現するのです。

私は重ねて思います。「親鸞におきては、ただ念仏して、弥陀にたすけられまいらすべしと…」、阿弥陀の方向を指し示してくださる人、この「よきひとのおおせをかぶりて、信ずるほかに別の子細なきなり」です。

私たちが道を得るについては、人に依らねばならないが、人に執《しゅう》してはならない。法に依らねばならないが、法に執してはならない。人にもとらわれず、法にもとらわれない、そういう世界を開示してくださるのが、南無阿弥陀仏の仏道です。

終始、私の念頭にあるのは、親鸞聖人の教え―すなわち浄土真宗の教え、これを端的に一言でいえば〝本願成就〟、つぶさには〝阿弥陀如来の本願力の回向成就である〟ということです。このことを念頭に置き、五つの問題（人間・本願・念仏・信心・生活）をとおして、さらにくわしく親鸞聖人の教えをたずねることにしたいと思います。

人間の章

一　死もまたわれらなり

まず、「人間」という問題をとりあげて考えることにしたいと思います。

さて、この「人間とは何か」という問いは、これもすでに申しあげましたように、人間として生きるかぎり尽きることのない永遠の問いであり、最も根源的な問いです。

フランス出身で真宗門徒となった藤田ジャクリーンさんという方の、ごく幼いころからの問いは、「私って何でしょう」ということであったと言われます。この、人間としての極めて素朴な問いが、やがて十四歳の彼女に、親鸞聖人の教え（『歎異抄』）との出遇いを与えることになったのです。

大谷大学初代学長の清沢満之《きよざわまんし》先生（一八六三〜一九〇三）は、これを、

自己とは何ぞや。是《こ》れ人世《じんせい》の根本的問題なり。（『臘扇記』）

と教えてくださいました。人間の問題を「この自己」において問い、「この我」

において問う。ここに人間の問題が、思想として、宗教として問われることとなるのです。

したがって、ここでは、理知《りち》・分別《ふんべつ》の対象とされた人間が、客観的に探究されるというのではありません。それは、問うものそれ自身が、問いかえされてくるような主体的な問い——。問うものが、むしろ問われているものとして、自分に目覚め、どこまでも深く、深く自己自身を問うていく——。そのような問いです。

ところで、晩年の金子大榮先生には、「木然集《もくねんしゅう》」と記された「日めくり」がありいます。今朝、出かける前に、今日（三月二日）のところを見ますと、次のように書かれています。

人生は長さだけではない。幅もあれば、深さもある。
その長さは、個人の一生、その幅《ひろ》さは人間の生活、その深さは長さ幅さの帰依となりたもう仏の命《いのち》。

こうして人生は念仏者の無碍《むげ》の一道となる。

（『聞思室日記』続々）

「人生は、長さだけではない」。たしかにこんにち、科学・技術の恩恵によって、人びとの寿命は長くなりました。ことに日本は、世界屈指の長寿国になったといいます。「おかげさまで、長生きをさせていただいて…」という、お年寄りの声が聞こえてきます。長さもまた幸福度をはかるバロメーターの一つでしょうか。しかし、一生は、ただ長ければいいというものではありません。長さに耐えかねるということもあるのです。

そこで問題は、そのひろさ、すなわち生活の内容であり、実質です。たとえ平均寿命に及ばずとも、決して平均化できない価値ある生涯—。それが願われ、求められているのです。

ところが、その人生はどこに立脚するのでしょうか。人は、どこから来て、どこへ行くのか。その生の依るところ、その死の帰するところはどこか。もしそれが明らかでないならば、人生問題の根本的な解決はない、と言わねばなりません。

その深さを、金子先生は、「長さ幅さの帰依となりたもう仏の命」と言われます。あるいはまた「永遠を場とする」とも言われます。そこに見開かれているのは、アミダ―、すなわち永遠のいのちを場とする人の生（人生）です。

以上のことからも明らかなように、私たちが、仏の教えによって人間を問うということは、人間についてのさまざまな問い、人生における諸問題を決して無視するものではありません。むしろその枝葉となって現れる問題を抜本的に解明するために、直ちに、人間そのもの、人生そのものを問うのです。

ではその、仏教の人間観とはどのようなものでしょうか。

まず第一に念頭に浮かぶのは、釈尊が出家をされる動機となった生死《しょうじ》の問題です。人間とは、生死するものである、生死する存在である。これを清沢満之先生は、

生《せい》のみが我等《われら》にあらず、死も亦《また》我等なり。我等は生死《せいし》を並有《へいゆう》するものな

り。　　　　　　　　　　　　　　　　　（「絶対他力の大道」）

と言われました。すなわち、人生に生と死があるのではない、生と死との二つがあるのではない。生死は不二《ふに》、生死は一如です。生《しょう》と滅《めつ》とは、同時に行われている。生死は、同時に生起《しょうき》している。それが実相というもの（ほんとうの相《すがた》）であって、それを仮《かり》に「我」と呼び、「人間」と名づけているのです。

ところが私たちは、この生死を、生と死との二つに分けて、分別して、そうして死を見ないようにする。死の側面を避け、それから逃げて、自分はいつまでも生きつづけるものと観念し、妄想し、そういう自分を追い求める。その結果、避けられない死の不安を孕《はら》みながら、生死の絆にしばられて、自分で自分から自由を奪っている。自分で自分を不自由にしている。それが、生死流転といわれるところの私たちの迷いの相です。

このように、生死の実相を知らず、生のみを求めて死を避ける心は、不安です。それは、死だけが不安なのではなく、生もまた不安です。なぜなら、生死は一如だからです。

この不安の解決について、私たち人間の叡知や能力は、どれほど有効に作用しているでしょうか。今日にいたる人類の歴史をかえりみれば、文明の発展、文化の向上、知識の進歩によって、不安は次第に克服されてきていると、評価されてもいます。また将来への希望や期待が、今の不安を凌《しの》ぐ力ともされているようです。しかしながら、私たちが今直面しているところの実態は、不安の、表面的な、あるいは部分的な解消にすぎない、と申さねばなりません。むしろ現代人の営為は、深く無明《むみょう》の自我《じが》に根差すものとして、利己《りこ》中心の新しい時代の不安を作りつづけてやまないようです。

このように、生死するものとしての現実を、ごまかすことなく正視するとき、不安そのものの全面的、かつ根源的な解決にあたっては、私たち人間は、まったく無力であると、思い知らねばなりません。だからこそ、人びとは、今、あらためて仏教に、とりわけ親鸞聖人の教えに、問題の真の解決を求められるのでしょう。

道元禅師《どうげんぜんじ》は『正法眼蔵《しょうぼうげんぞう》』でこのようにいわれます。

この生死はすなわち仏の御いのちなり。これをいとい すてんとすれば、すなわち仏の御いのちをうしなわんとするなり。これにとどまりて生死に著《じゃく》すれば、これも仏の御いのちをうしなうなり　（「生死」『正法眼蔵』）

その長さとひろさで捉《とら》えられる人生には、底知れぬ深さがある。その深さとは「仏の命」です。すなわち、生死（人生）を離れてしまっては、さとりは得られない。しかし、生死の絆（まよい）からは、解脱《げだつ》せねばならない。この、自力にとっては至難の事業を、すべての人びとに実現する教え―。それが、親鸞聖人によって明らかにされた本願の宗教、誓願一乗の仏教です。聖人は、和讃しておっしゃいました。

生死《しょうじ》の苦海ほとりなし
ひさしくしずめるわれらをば

弥陀弘誓《みだぐぜい》のふねのみぞ
のせてかならずわたしける
（「高僧和讃」龍樹讃・聖典四九〇頁）

（この迷いの世の苦しみは際限がない。この苦しみの海に長く沈んでいる私たちを、阿弥陀の本願の船だけが乗せてくださって、必ず彼岸に渡してくださるのであった）

第二に、人間は苦悩するものである。苦悩する存在、それが人間である、ということです。

おもえば人生とは、いのちの愛の営みです。人生の中に愛があるのではなくて、生そのものが愛です。人生は愛です。そして愛は、愛すればこそ、その徹底を願わずにはおれません。その愛の徹底には苦悩が伴います。愛は苦悩です。苦しみのない愛、悩みのない愛は、まことの愛ではありません。苦悩は、愛すればこその苦悩です。だから、人間は苦悩するものであると言いましたが、言いかえれば、人間は愛するものであるということです。この人間の愛は、仏教によってみれば煩悩です。愛に領《りょう》された人間の身と心は、愛によって愛のために駆使されることとなります。

また愛は、愛着といい、貪愛《とんない》（むさぼり）ともいわれますように、いのちを愛するということは、いのちが執着されているということです。そこでは、手離したくないものとしての生、快《こころよ》く受け容《い》れられているところの生、つまり順境における生が愛されているのです。

しかし、生死の人生は無常です。「無常迅速《じんそく》」（『六祖壇経』）です。だから愛もまた無常のさだめを離れることはできません。「生者必滅《しょうじゃひつめつ》、会者常離《えしゃじょうり》」（生きてあるものは必ず滅し、会うものは常に離れる）なのです。

そこで、順境における愛が破綻すればどうなるか。愛は、転じて憎《ぞう》（にくしみ）となります。愛―すなわち生の否定面にはたらく心、それが憎しみです。つまり逆境における生が憎悪《ぞうお》されるのです。

ふつう、私たちは順境にあることを幸福として、これを愛着し、逆境に立つことを不幸として、これを怨憎《おんぞう》します。そして、この思いさだめ（常識的な規定）に誤りはないかなどと、疑ってみることを知りません。これが私たちの日常態です。しかもここに、「因果の法則を信ずる」ということが混入されると、その結果はどうなるでしょうか。

たしかに、因果の法則は真理である。善因は善果となり、悪因は悪果をもたらす。ところが、順境（いわゆる幸福）を求め、逆境（いわゆる不幸）を避けようとする日常態の人は、善因は楽果（すなわち幸福）をもたらし、悪因は苦果（すなわち不幸）をまねくと、思いさだめる。そして、善をたのみ、悪をにくむ、ということになります。このように、私たちが愛憎に苦悩するということは、その内面において生死の問題に関係しつつ、また人生の境遇の順・逆、幸・不幸ということをも包むと共に、同時にそれは、善・悪という大きな問題にもかかわるものである、ということが次第に明らかになってきたのです。

二　まこと心の回復

すでに申しましたように、人間とは生死するものです。しかし私たちは、この生死の人生に無心であることができません。ありのままの実相（ほんとうの相）にあることができなくて、生のみを求め、死を避けようとします。だから死も、そしてまた生も不安です。

もし生死の人生に虚心平気で、とらわれがないならば、愛と憎しみの葛藤に、苦しみ悩むということもありません。しかし私たちの現実は、生死の不安と愛憎の苦悩を離れることができないのです。

愛―順境―幸福―善をたのむ┐
　　　　　　　　　　　　├道徳感情
憎―逆境―不幸―悪をにくむ┘

このように考えるとき、愛憎の問題は、「善をたのみ、悪をにくむ」という道徳感情と、深くかかわるものであると知らされます。

　では、私たちの希《ねが》い求める幸福とは、いったい何か。順境とは、いったいどのような境遇をいうのであるのか。これについて、清沢満之先生は、すでに「何が善だやら、何が悪だやら何が真理だやら何が非真理だやら、何が幸福だやら何が不幸だやら、何も知り分る能力のない私」と言われます。この透徹《とうてつ》した自己凝視《ぎょうし》（自覚）のことばによってみるとき、人間とは、人生に迷い・まどう、迷惑するものと言わねばなりません。生死と、愛憎と、善悪に、迷い・まどうもの、それが人間です。どのようになること、どのようにあることが幸福なのか、それが分からないままに幸福というものに愛着する。どのような行為が善なのか、それを知らずに善をたのむ。ここに人間の痛ましい悲劇があります。しかしながら、ここにいう悲劇とは、人生を客観化し、対象化していわれる評論のことばではありません。自らの身は観客の席におき、舞台上の演劇を観てのことではありません。

　夢から醒《さ》めて、はじめて夢であったと気づくのです。無明とは、光明《こうみょう》（智慧）の自覚の内容です。光に照らされて、闇が闇であると明らかになるのです。

よしあしの文字《もんじ》をもしらぬひとはみな
まことのこころなりけるを
善悪《ぜんまく》の字しりがおは
おおそらごとのかたちなり
（「正像末和讃」・聖典五一一頁）

（何が善で何が悪か、その区別がわからぬばかりか、善悪の文字さえも知らない人は、まことの心であったのに、善悪の文字を知った顔をして、ものを書くのは、おおうそごと〈大虚言〉の姿である）（親鸞聖人みずからを恥じられる懺悔のことば）

また親鸞聖人は、次のようにおっしゃいました。

善悪のふたつ総《そう》じてもって存知《ぞんじ》せざるなり。
（『歎異抄』後序・聖典六四〇頁）

（何が善であるのか何が悪であるのか、私は善悪の二つについてまったく知らない）

と。それはどうしてか。

そのゆえは、如来の御《おん》こころによしとおぼしめすほどにしりとおしたらばこそ、よきをしりたるにてもあらめ、如来のあしとおぼしめすほどにしりとおしたらばこそ、あしさをしりたるにてもあらめ　（同前）

（なぜなら、如来のお心において、善いとお思いになるほどに徹底して知ることができたなら、それでこそ善を知ったといえよう。また、如来が悪いとお考えになるほどに徹底して知ることができたなら、そのときはじめて悪を知ったということもできよう）

ここに語られているのは、無知を知るということです。無明の自覚です。つまり、ここに明らかにされてある人間、それは「自覚するもの」ということです。

ところが、「善をたのみ、悪をにくむ」という道徳感情は、人間の心中《しんちゅう》深くに根差しています。いわゆる人間の良心、すなわち人間の〝まこと心〟への信頼は、容易に失われるものではありません。そこで私たちは、人生の問題に行き詰まったとき、破綻に遭遇したとき、その解決の道を、道徳に倫理に求めようとします。道徳にしたがい、倫理が行なわれるならば、問題は解決するであろうと、それによって、失われたまことの回復をはかろうとするのです。

しかし、道徳というものは、これを本当に実践しようとすればするほど、その完全な実行は、ついに不可能というところに行き着かざるを得ません。これを金子大榮先生は、人間の〝まこと心の受難〟と言われました。苦悩の解決を求めて、苦悩はいよいよ深い。これが良心の――、つまり道徳の実態です。苦悩とは、良心の嘆きであり、いたみなのです。

すでに明らかなように、この道徳は、その根において愛憎や善悪と、強くかたく結ばれています。そして愛憎や善悪は、エゴ（自我）にもとづく利己の心と別ではありません。実は、道徳は、この自己保身の心によって要求されるものです。したがって、それは、自我開放─自己放棄とは、まったく逆の方向にある。これが人間の〝まこと心〟の正体なのです。

救いを求める心の中に、救いを阻《はば》む心がある。ここに、人間の業苦の深さがあり、業病《ごうびょう》の重さがあると言わねばなりません。

では、この業苦の深さ─業病の重さは、どこに原因するのでしょうか。釈尊は、それを〝無明〟と教えてくださいます。

無明とは、光明─すなわち智慧のないこと。闇の夜のように、ものごとのありのままの実相が見えないことです。その意味において、無明とは、智慧の欠如したすがたですが、さらに無明には、明《みょう》を無にするもの、さとりの智慧を無化するものという、そういうはたらきをも包んでいる、と読むことができるでしょう。ここで「明を無にする」というのは、如来（すなわち、さとりの智慧）に背《そむ》くことであり、それによって光を失った無明の、すなわち流転の旅にさまよい出ることを意味します。

私たち人間のいのちは、この無明にもとづくいのちである。生死する人間のいのちは、この無明のいのちです。

このように語りながら、今私は、昭和のはじめにインドの仏跡をたずねられた暁烏《あけがらす》敏《はや》先生（一八七七～一九五四・真宗大谷派元宗務総長）が、その紀行文に、次のように記されているのを想いおこします。

それは釈尊の成道《じょうどう》の聖地―ブッダガヤでのことです。釈尊が、さとりを開かれたのは、まさにここであったと伝えられる金剛宝座《こんごうほうざ》、その金剛宝座の前に身をおかれた先生は、釈尊のさとりとは何であったのかと、おもいをはこばれました。すなわちそのさとりとは「人間、この愚かなるものよ」ということであった、と。

そのとき「この無明なるものよ」と呵《か》して、座を立ち、道を歩みはじめられた釈尊は、以後、八十年の生涯を終えて入滅《にゅうめつ》されるまで、ついに佇《たたず》むということ、座《ざ》すということをされなかった。釈尊は、その無明の自覚から展開したところの、ただ一筋の道を、終生あゆみつづけて、休息されるということはなかったのであります。

（紀行文の取意）

今私は、あらためて思うのです。釈尊が、そのような成道にはじまる道を歩まれようとするとき、「無明なるものよ」と呵して、金剛宝座から立ちあがられた力――。そのような力となって釈尊にあらわれてくる無明の自覚――、いったいそれは何か。それは、親鸞聖人によっていえば、〝愚禿《ぐとく》〟の自覚であり、〝愚禿釈《しゃく》親鸞〟という名のりである、ということです。

ここにいたって私たちは、人間とは「愚かなるもの」と教えられるのです。すでにこれまで、人間とは、不安を孕みつつ生死するもの、愛憎に苦悩するもの、善悪にまどうもの、ととらえてきたのですが、それらは実は、この無知の、自覚の内容です。それらはみな、人間――、この愚かなるものという目覚めを契機として、新しく誕生した人間――、すなわち自覚的人間をあらわしているのです。

賢者《けんじゃ》の信《しん》を聞きて、愚禿《ぐとく》が心《しん》を顕《あらわ》す。
賢者の信は、内は賢《けん》にして外《げ》は愚《ぐ》なり。
愚禿が心は、内は愚にして外は賢なり。
（『愚禿鈔』・聖典四二三頁）

真に智慧ある人の信心は、内賢《ないけん》・外愚《げぐ》である。その内面の智慧の光は、外相の愚かさを照破して輝く。その光に照らされて、愚禿の心は、内愚《ないぐ》・外賢《げけん》と知らされる。外に、賢善精進《げんぜんしょうじん》のすがた（賢であり、善であり、道に精を出しているというすがた）を見せてはいるけれど、その内には愚がかくされている、と。これが聖人における無明の自覚内容です。

このように、愚の自覚は、如来の光に照らされての目覚めです。闇愚《あんぐ》が闇愚であると知り、闇愚が闇愚に帰ることができるのは、如来の光明に照らされ、護《まも》られてあるからです。そしてこの、照護《しょうご》されてある身の自覚から、聖人は、みずからを「愚禿釈」と名のられたのです。

「釈」とは釈尊の弟子ということです。釈は仏子―すなわち仏となる人です。愚痴《ぐち》の人間が、愚痴に帰って、はじめてそこに真の仏道が成就する。そのような仏道に遇いえた人間の名のり、それが愚禿釈です。

曽我量深先生は、「如来のなかに我《われ》あり　我のなかに如来あり」と言われました。自我・煩悩の我を照破して、愚禿のみずからに目覚めさせるもの、それは如来の光明です。すなわち「如来のなかに我あり」とは、〝愚禿〟の自覚でしょう。そして「我のなかに如来あり」とは、〝釈〟の名のり―、仏弟子の自覚でしょう。自我・煩悩のただ中にまします仏、それは仏になるところの因位《いんに》の仏です。それを、自覚の心として表せば、念仏の信心であり、自覚の人として現せば、信心の行者です。すなわち人間とは、「仏になるもの」なのです。

清沢満之先生が、人間とは「生死以外に霊存《れいぞん》するもの」（「絶対他力の大道」）と言われるのは、「仏になるもの」ということです。それは、愚禿釈という名の人間なのです。

三　仏となる人の誕生

古来、私たちの祖先は、人間のいのちを「寿命」と言いあらわしてきました。これは、生命ということばにはない含蓄《がんちく》のある表現です。寿もいのちであり、命もまたいのちです。すなわち私たちのいのちは、寿のいのちと命のいのちが一体になったものということです。坂村真民《さかむらしんみん》さんの詩に、次のようにあります。

いのち
たまゆらの
いのちの
いとおしさ

たまゆらの

いのちの
かなしさ

たまゆらの
いのちの
とおとさ

ああ
みほとけの
とわなる
いのちの
ありがたさ

（『坂村真民全詩集』第四巻）

玉響《たまゆら》（勾玉《まがたま》同士が触れ合って立てるかすかな音）のように、はかなく、かなしく、いとおしく、それなればこそ尊いこの世のいのち、無常のいのち、そして、ここにたまわるみ仏のいのち、永遠のいのち。これが寿命といわれるのです。

しかし、この、いのちの表現としての「寿↓命」は、私たちの意識に即していえば、むしろ「命↓寿」というべきでしょう。今、命の文字であらわされるのは、たまゆらのいのち、無常のいのち、生死するいのちです。それに対して、寿といわれるのは、めでたきいのち、とわなるいのち、生死以外に霊存するいのちです。

この寿は、誰もがみな与えられて持っていて、命なるいのちを生かすはたらきをなすものです。しかしそれは、私たちの分別意識では、直接的にとらえてみることはできません。あたかも肉体が、皮膚に覆われていて肉が見えないように、肉に包まれていて骨髄《こつずい》が見えないように、寿は、命なるいのちの営みの内奥《ないおう》にあるもの、背面にあるものです。その意味からすれば、それは、意識の深層・いわゆる無意識の領域のもの、というべきでしょう。

これに関しておもわれるのは、釈尊の遺教《ゆいきょう》として伝えられる「捨命住寿《しゃみょうじゅうじゅ》」（漢訳『長阿含経』・『遊行経』）ということばです。

これは「命《みょう》を捨てて、寿に住《じゅ》す」と読むのでしょう。あるいはまた「命を捨《しゃ》して、寿を住《とど》む」とも読むことができます。涅槃《ねはん》（浄土）に還帰《げんき》されるとき、すなわち入滅のときを間近にして釈尊は、尊者阿難《そんじゃあなん》ならびに弟子たちに、「捨命住寿」と説かれたといいます。〝いのちをすてて、いのちをとどむ〟と。

釈尊の晩年、仏弟子《ぶつでし》たちにとっての重大な問題は、釈尊滅後の求道はいかにすればいいのか、ということにありました。もし眼前に、肉体をもって存在したもう釈尊が逝かれたならば、「その後私たちは、いったい誰を、あるいは何を依りどころとすればいいのであろうか」と不安になったのでしょう。

人間の生命《いのち》は、有限であり無常であり不安です。人間として生きるということは、愛憎に苦悩することであり、善悪に迷惑することです。この人間を救おうとお思いになられ立ち上がってくださった阿弥陀の本願を説くために、身みずから人間となって出現されたのが釈尊です。すなわち〝仏《ほとけ》、人《ひと》となりたもう〟。その人となってくださった仏が釈尊です。人の世に、人の子として生まれ、人として生きる中から、〝この人、仏となりたもう〟。その仏となってくださった人が釈尊なのです。したがって、釈尊は一見するところ、私たちと変わらない有限の生命を生きる者として、その八十年の生涯を終えられたのでした。しかし、釈尊は元より如来です。

だから、釈尊における捨命は、言うまでもなく、ただ徒《いたずら》にして意味なき死と混同することはできません。その捨身には、住寿が孕まれているのです。すなわち釈尊は、その身をもって、如実に、涅槃《ニルバーナ》――生命《いのち》の完全燃焼を示現されたのです。

ところで、この「命」ということばの原語（サンスクリット語）は、〝ジーブ〟(jiv)ですが、この生命を意味することばを英語では〝ライフ〟(life)といい、あるいはドイツ語では〝レーベン〟（Leben）といいます。

これに対して、「寿」と訳されたことばの原語は、〝アーユス〟（āyus）です。ジーブ、すなわち命なるいのちと区別されるところの、めでたきいのち（寿）は、アーユスです。ところが、言語学の研究者によりますと、英語をはじめヨーロッパの各国には、この、アーユスに相当することばはないと言われています。したがって、いずれ遠からず、ライフやレーベンでは表すことのできないいのちを表すことばとして、アーユスが、英語やフランス語となっていくのでしょう。

さて、このアーユス（寿）は、「寿命」といわれるように人間のいのちとして、有限の人生にあらわれています。しかしそれは、私たちの眼に露《あら》わにあらわれてあるのではなく、命の内にあって命を支えるもの、命をして命たらしむるものとしてあるものです。

だから、命と寿の関係は、命あっての寿、寿あっての命ですが、いみじくも

「寿→命」ということばが示すとおり、生死するいのち・苦悩するいのちは、実は、霊存するいのち・自覚するいのちにおいて、はじめて成立するのです。

つまり釈尊が、「住寿」（いのちをとどむ）といわれるところの寿なるいのちは、無限のいのち、無量のいのちです。すなわち無量（アミタ・amita）の寿（アーユス・āyus）です。

したがって、「住寿」とは、アミダなる（永遠の）いのちに帰ること、無量《むりょう》寿《じゅ》そのものになることを意味します。無常の肉身を捨てて、永遠の法身を住《とど》むること、涅槃に住することです。これが仏陀・釈尊の教えによって明らかにされたところの人間完成であり、人間成就なのです。

しかし、ここであらためて忘れてならないことは、寿あっての命ですが、しかもそれを「捨命→住寿」と説かれていることです。めでたきいのち（アミダなるいのち）の実現を期するについては、捨命がなければなりません。たまゆらのいのち、滅ぶべきものとしてのいのち、捨てられ転ぜられるべきものとしての、いのち――。しかし、この、かけがえのない私の、誰のものでもない自分の、極悪底下の人間の、このいのちを離れて、仏のいのちがあるのではありません。まことに「人身《にんじん》受けがたし」です。すなわち、この命なるいのちにおいて、寿なるいのちがあらわされているのです。

眼前に釈尊がましますということは、肉身（色身《しきしん》）の釈尊が存在するということです。そこにその、命なるいのちの肉体を示現しつつ「捨命住寿」と説かれるということは、それによって法身《ほっしん》の常住《じょうじゅう》を明らかにしてくださるのです。

この肉身は、私たち人間にあっては、宿業《しゅくごう》の身です。しかしこの業報《ごうほう》の身・色身は、単に色身としてのみ存在するのではありません。色身とは、必ず法身に成るものと約束され、決定されているものです。これが、宿業の身の自覚内容です。なるほど法身は、まだ現実のものとして露わにあらわれてはいません、顕現《けんげん》してはいません。しかし、法身のいのちなくしては色身《しきしん》の自覚も成り立たないのです。すなわち、私たちにとっての未来の法身（証果《しょうか》）は、今のこの身の自覚として、すでに現在するのである、といっても過言ではありません。

それゆえに「捨命」ということは、肉体の死という意味にのみ解するのではなく、それは、「命なるいのちへの執われが捨てられるとき」と言っていいのでしょう。命なるいのちへの執われが捨てられるとき、内に与えられてある寿なるいのちが、はかり知ることのできないいのち（無量寿）の分身として、その肉体の上に輝き出る、ということができるでしょう。

この、現在の信心と未来の証果、宿業の身の自覚と常住法身のいのち――、この両者の関係を暗示するものが、肉体とその舎利《しゃり》（遺骨）であろうかと思うのです。

この舎利について、新潟県のある地方では、亡くなった方のお骨を〝華《はな》〟と呼ぶとお聞きしています。そのような表現に私は、真宗門徒として、ことに親鸞聖人にご縁の深い地方の人びとの、ゆかしい心根をしのばせていただくのです。

花は、美しい。しかし「花のいのちは短くて…」とうたわれるように、花は無常です。そして、親鸞聖人が出家のときにうたわれたと伝えられる、「明日ありと　おもうこころの　あだ桜《ざくら》　夜半《よわ》に嵐《あらし》の　吹かぬものかは」という歌が語るように、無常は同時に不安なのです。しかし今、舎利（白骨）が華と呼ばれるのは、ただそれだけの意味ではないでしょう。金子大榮先生は、

花びらは散っても花は散らない。形は滅びても人は死なぬ。

（『歎異抄領解』）

と表現されています。無常の風雨に散るのは、花の花びらであって、花そのものが散るのではありません。むしろ、風雨に散る花びらによって、天地の悠《ゆう》久《きゅう》がかえって明らかになる、と申すべきでしょう。その花びらは命なるいのち、花そのものは寿なるいのち。その意味において、華（すなわち白骨）は、無常の花でありつつ、同時に、永遠の花・法身の花をあらわすものです。

華は無常の人生を荘厳し、
華は永遠の法身を象徴する。

茶毘《だび》（火葬）に付せられた肉体は、煙と灰と、そして白骨とに分解するのですが、私たち仏教徒は、その遺骨を、とくに姿勢を正して拾わせていただくのです。たとえ肉体は火に焼かれて分解し、消滅しても、なおそこに残るもの、それが舎利（華）です。

すなわち華は、この世の泥中《でいちゅう》に咲く蓮華《れんげ》ですが、それはそのまま浄土の華・さとりの華の譬喩《ひゆ》です。

さて、さきに、金子大榮先生のおことばを紹介（四七頁～参照）しました。「人生は長さだけではない。幅もあれば、深さもある」。「その深さは長さ幅さの帰依となりたもう仏の命」。「こうして人生は念仏者の無碍の一道となる」と。ここに仏の命といわれるもの、それは「住寿」と説かれるところの寿のいのちです。

この、業道の人生が、そのまま無碍の一道である。この、宿業の身の一生が、そのまま成仏《じょうぶつ》の大道《だいどう》である。このように言いきることができるのは、如来の本願の力です。生死するものが生死のまま、ここに仏になる人として新しく誕生する。まことに、本願成就こそ真の人間成就なのです。

他力真実のむねをあかせるもろもろの聖教《しょうぎょう》は、本願を信じ、念仏をもうさば仏《ぶつ》になる。

（『歎異抄』第十二条・聖典六三一頁）

〈阿弥陀の本願力〈絶対他力〉の、真実の趣旨《しゅし》を明らかにしているすべての聖教は、どれもみな、本願を信じ念仏を称《とな》えれば仏陀になる、と説いている〉

本願の章

一　母なる大地

「本願」について、「浄土真宗の眼目は、本願成就である」という曽我量深先生のおことばを念頭に、お話しさせていただきます。如来の本願なくして浄土真宗はありません。したがって親鸞聖人の教えもありません。

さて、聖人の教えを『歎異抄』によってみますと、その冒頭に、次のようにあります。

弥陀の誓願《せいがん》不思議にたすけられまいらせて、往生をばとぐるなりと信じて念仏もうさんとおもいたつこころのおこるとき、すなわち摂取不捨《せっしゅふしゃ》の利益《りやく》にあずけしめたまうなり。（第一条・聖典六二六頁）

（阿弥陀―無限・絶対―のいのちをかけて誓約された本願の、妙用《みょうゆう》―不思議のはたらき―にたすけていただいて、かならず浄土に生まれるのであると信じて、念仏を称《とな》えようと思いたつ心のおこるとき、ただちに、阿弥陀の心に摂《おさ》めとられ、永遠に捨てられることのない最大の利益をえて、かぎりない智慧と慈悲のはたらきに生かされて生きるものとなるのである）

聖人の教えによれば、私たちの人生における万般《ばんぱん》は、みな、如来からのおくりものである。人生そのものが、実は、如来よりたまわったものである。したがって、喜びも悲しみも、幸福も不幸も、あるいは「一色《いっしき》の映《えい》ずるも、一香《いっこう》の薫《くん》ずるも」、すべてがみな「無限他力の表顕《ひょうけん》」（清沢満之）であり、如来の本願力の表現です。

この、如来の力をたまわること、すなわち本願力の回向成就から、旧《きゅう》人生と訣別《けつべつ》して新しく始まるところの、真の人生が展開する。これまでの、無明にもとづくいのちの営みを離れて、阿弥陀の光明に照らされ護られつつ、真に人間であることを完成し成就するところの、新しい人間が誕生するのです。

今拝読した『歎異抄』の一節は、まさにその真人の、信念の内景を語るものでしょう。

「摂取不捨」とは、その人生が、本願によって愛され、本願によって念ぜられ、本願によって護られ、本願によって持《たも》たれてあるという、救済《きゅうさい》の体験です。如来の内なるもの——如来内存在として発見された自己の、自覚の表明です。如来の本願が、この人生に、念持《ねんじ》の大道——無碍の大道として、本願みずからを成就している、そのことが語られているのです。

ところで、近年、大阪の聞法《もんぽう》の会で法友となったある女性が、次のように述懐されました。

私は、母に伴われて聴聞《ちょうもん》を始めたのですが、以前は、何を頼りに、どのように生きればいいのか、五里霧中《ごりむちゅう》でした。でも、最近ようやく、私の行くべき道は、これひとつ。この道さえあれば、あとは何がなくても、という気持ちです。ただただ、親鸞聖人の教えを聞かせていただきたい。道がはっきりするというのは、こんなにも楽しいものか、と思います。

もっとも、新しく生まれてきた聞法上の問題——、自分との戦いということはありますが、前の苦しみとは質がちがうようです。

と。ここに彼女が「この道」と言われるのは、申すまでもなく本願の道です。善導大師《ぜんどうだいし》が、その「二河《にが》の譬喩」において、「すでにこの道あり」といわれたところの白道《びゃくどう》です。これを親鸞聖人は、次のようにお示しくださいました。

「道《どう》」は、すなわちこれ本願一実《ほんがんいちじつ》の直道《じきどう》、大般涅槃《だいはつねはん》無上の大道なり。

（『教行信証』信巻・聖典二三四頁）

（道というのは、すなわち、阿弥陀の本願――その絶対の真実が、そのままただちに、この人生に開顕された道である。まことのさとりに往き還《かえ》りする無上の道、絶対・真実の道である）

この道さえあればと言うことのできる彼女は、すでにこの道に立つ人、この道を歩む人として、如来の願力を受用されています。これまでの不安な生活に別れを告げて、本願の道に立脚する新しい人生が始まっています。苦難の人生と戦っていくことができる、そういう人になっておられるのです。

そこで私は、彼女の、その心境に対する祝意と激励の気持ちをもって、鈴木大拙《だいせつ》先生（一八七〇〜一九六六）の、次のおことばを紹介しました。

娑婆《しゃば》を通って浄土に入るとき、娑婆を後に忘れては何にもならぬ。娑婆を片脇に引き抱えて浄土に入り、その浄土を又《また》片方の脇に抱えて出て来る。そのとき前面に坦々《たんたん》たる一条の白道がある。その道を踊躍《ゆやく》して歩み進む。その先は何処《どこ》だと問うこと勿《なか》れ。この道さえ見れば…

これは、曽我量深先生の米寿の記念出版、『法蔵菩薩《ほうぞうぼさつ》』の序としてお寄せになった文章の一部ですが、鈴木先生らしい表現です。往生とは、この世界（娑婆）を超えて如来の世界（浄土）に生まれて往くのであって、それはこの世界から逃げ出すのではない。この世の苦悩を逃避して、往生を求めるのではない。だから、娑婆を後に忘れたのでは、本当の往生にならないのです。

そして浄土に往けば、そこは長くとどまるところではない。方向を転換して、ただちに娑婆に向かって歩む。往くときは「娑婆を片脇に引き抱えて」往く、還《かえ》るときは「浄土を又片方の脇に抱えて出て来る」。そのときです。そのとき前面に一筋の白道がある、その道を踊躍して（天におどり地におどる心で、かろやかに安らかに）歩み進む。その道の行く先はどこか、それはもはや問題ではない。「この道さえ見れば…」すなわち、この道が南無阿弥陀仏、これが本願の道です。

道は往来《おうらい》であり、往還です。私たちに与えられる（回向される）のは、浄土への道―往相の道ですが、それは実は浄土からの道―還相の道です。往相がなくては還相は始まりませんが、還相がなくては往相も始まりません。そのことを明らかにしてくださるのが、教えです。教えは、往相の出発点を与える、その教えは、還相の帰着するところです。浄土から、娑婆に還って浄土に往く、浄土に往生して、娑婆に還来《げんらい》する。この限りなき道を今ここにたまわる。本願成就の教えにいただく。これが、この道さえあればの道、すでにこの道ありの道なのです。

この「道」について、金子大榮先生は、その御遺語《ごゆいご》（この場合は、先生の絶筆ともいうべきおことば）である『光輪鈔《こうりんしょう》』に、

生死の帰依ということがある。私はそれを「死の帰するところを以《もっ》て生の依るところ」と受容している。

と言っておられます。そして、

生死の帰依を明らかにすることが私たちの道である
と。では、道とは何でしょうか。

道とは何ぞ、※知進守退《ちしんしゅたい》である。道を行うものは日々新たに日々に新たなるものは感《かん》である。即《すなわ》ち知進である。されどそれは脱線するものであってはならない。そこに守退ということがある。その退一歩《たいいっぽ》であらしめる、その守退なくば知進は成立しない。それが道である。

※知進守退とは、「進むを知りて、退くを守る」と読む（『論註』のことば）。知進とは、浄土のさとりに向かって進み行くこと。守退の「退」は多くの人

は、退転と理解した。それによれば守退とは、まよいに退転しないこと―不退転ということ。それを金子先生は、ここでは、退一歩の「退」とし、退歩できることとされている。感は、感応《かんのう》（衆生に感あれば如来に応あり―感応《かんのう》道交《どうこう》）の感。如来のよびかけ（本願の勅命《ちょくめい》）を感じ、それに応答すること。

先生がおっしゃるように「道を行うもの」であってこそ、その人生が、「日々新た」と言うことができるのです。その「日々に新たなるものは感である」、本願のよびかけにこたえて、その本願の大道を「踊躍して歩み進む」。これを「……念仏もうさんとおもいたつこころのおこるとき、すなわち…」、ただちに、たちどころに、道の人が誕生すると、このように教えてくださるのです。

この、人生の立脚地である本願は、しばしば「大地」に喩《たと》えられます。

（悲願は）なお大地《だいじ》のごとし、三世十方一切如来出生《さんぜじっぽういっさいにょらいしゅっしょう》するがゆえに。

（『教行信証』行巻・聖典二〇二頁）

（過去・未来・現在の歴史を通じて、東西南北・上下・四すみの空間における、一切の如来が、そこから誕生されるからである）

といわれます。「母なる大地」といいますが、諸仏《しょぶつ》の出生したまう母胎——、いのちの源泉、それが阿弥陀の誓願です。さらにまた、

なお大地《だいじ》のごとし、よく一切の往生を持《たも》つがゆえに。（同前）

（よく一切の人びとをして、阿弥陀の浄土へ往かせる、生まれさせる、生きさせる——すなわち往生を成立させるからである）

私どもの前途に、明るい未来を約束するもの、すなわち念仏往生の生活を開いて、はかり知ることのできないひかり（光明無量）、はかり知ることのできないいのち（寿命無量）、すなわち如来の世界を展望せしめるもの、それが悲願なのです。

大地はまた、動かぬものの譬《たと》えでもあります。人間とは生死するものであり、無常の存在ですが、この無常のものが、無常にあることができるのは、ど

うしてでしょうか。「ゆく川の流れは絶えずして、しかも、もとの水にあらず…」（方丈記）。その、川の流れのように生死するものが、生死の人生をわたることができるのは、どうしてでしょうか。それは大地に依るからです。そこから生まれ、そこに帰る大地──、その不動の大地に依ってはじめて、地上の生活は、安らかになります。

水は流れる、大地を流れる。

流れず、動かぬ、大地を流れる。

これを、「川が流れる」ということもあります。しかし、流れるのは、川の水であって、水の流れる大地は不動です。

不動の大地を、川の水は、海に向かって流れて往きます。その流れの中にあらゆるものを抱きとって、海に運びます。海は本願の海、光明の広海《こうかい》です。

さて、今ここで問題としている「本願」は、親鸞聖人の教え──浄土真宗の教えによって、阿弥陀如来の本願と規定して、お話を進めてまいりました。

しかしこれは、ひろく一般には、どういう意味で用いられることばでしょうか。たとえば手元の『国語辞典』をみますと、「(イ) 本来のねがい。(ロ) ほとけが衆生を救うためにおこす願い。誓願」とあります。また『仏教学辞典』(法藏館) ですと、「仏や菩薩が因位において起こす誓願」とあり、「阿弥陀仏(法蔵菩薩) の四十八願、薬師仏《やくしぶつ》の十二大願、釈迦仏の五百大願などは、その仏の特別の本願 (別願《べつがん》) であり、菩薩にもまた別願がある」(取意) と記されています。

ここにいう「本来のねがい」ですが、人間の本来的なありかたは、宗教心(菩提心《ぼだいしん》) をもって人生を歩み、人間成就を期すること——、さとり (菩提) を実現することであって、これを菩薩的人間といいます。これからみれば、如来の本願に対する衆生の本願——人間の本願ということも、考えられるようです。

二　浄土の憲法

ふつう私たちは、仏陀と人間を区別します。人間は、仏になるものであり、仏になる可能性（仏性）を有《も》つものですが、だからといって人間を、ただちに仏であるとはいいません。ことに、凡夫（ただのひと）という自覚のあるもの、自分みずからを、流転の群生《ぐんじょう》とか、苦悩の群萠《ぐんもう》とかと呼ぶものからすれば、人間と仏陀とは、迷いにあるものと悟れるものとの違いとして、峻別《しゅんべつ》されます。

しかしながら、仏教では、広い意味においては、仏陀も人間である、衆生であると申しますから、そこに立っていえば、仏の本願も、衆生の本願も、別ではないということになるでしょう。みずからの悟りを求めること（自利《じり》）にとどまらず、すべての衆生をして悟りにあらしめたい（利他《りた》）と願う菩薩もまた、人間であり衆生であるともいわれるのです。

しかし、私たち人間に、はたして「本願」ということばであらわされるような深い心、深い志願があるといえるのでしょうか。たとえその願いを、理想といい希望といおうとも、結局は、エゴ（自我）にもとづく欲望にほかならない、と言わなければならないのではないでしょうか。その点からいえば、やはり仏陀の願いと、衆生の願いとは、混同することのできないものです。

時代を問わず、子どもたちのいじめなどがいろいろ問題となっています。衆生、私たち人間を顧《かえり》みると、外面ばかりの豊かさ、表面のみの美しさを求めて、精神面の充足ということが、ほとんどかえりみられていないのでしょう。これに関連して、こういうことを聞きました。十五歳になる少女が親に言いました。

少女　何か足りない。何かがほしい。

親　何を買ってほしいか言ってごらん。小遣いが足りないのか、もっとあげようか。

少女　そうじゃない。お金ではない、物でもない。何かが足りない。何かがほしい。

この少女は、生きる意味を問うているのでしょう。生きがいをはっきりしたいと願っているのでしょう。豊かな物質に囲まれてはいても、人生の意義がわからずに生きる空《むな》しさ、心の貧《まず》しさ――。その充足を求めているのですが、そういう大切な問題のあることなど忘れ去ってすでに久しい親たちには、その「何か」という要求が何であるのか、その願望がいかに深刻なものであるのか、見当もつかないのでしょう。この親との、不毛な対話のあと、やがて少女は、人生への絶望から自死の途《みち》を選んだそうです。

その、「何か」を求める少女の願いは、花開かぬまま、無自覚のまま、かなしくも早逝《そうせい》しました。しかしそこに私たちは、彼女における宗教心の萠《きざし》をみることができるのでしょう。

このことからもわかりますように、私たち人間は、一面には、欲望の満足を求めて、はてしなく外物《がいぶつ》を追いつづけるものではありますが、しかし私たちは、そのような外への方向によるのでは、決して願いは満たされないのだということを知らないのではありません。彼女の要求──その宗教心とは、外物に向かう方向を転換して「内にかえれ」、精神世界の内奥深くに回帰せよという呼びかけです。

この心は、私たち人間の心の中にはたらくものですが、いわゆる人間のエゴ（自我）からいえば、それは、わがものとはいうことのできないものです。そのような、人間を超えた心が、私たちの心の内面深くにあってはたらく。これが宗教心であり、菩提心です。が、この心は、私たちからいえば、超越内在（人間を超えた心が、人間の内にある）、内在超越（人間の内にありつつ、人間を超えている）と言わなければなりません。この宗教心（信心）の因《よ》ってきたる根源──、それが如来の本願なのです。

私たちの人生における最も深刻な問題は、安住の場所があるかどうか。つまり生きる場の問題です。先の少女にしても、もし安んじて生きるところを得ていたならば、自死の途を選ぶこともなく、少女は少女として、その自分（自己の分限）を尽くすことができたのでしょう。

「私の居る場がない」「安住するところがない」ということは、人生における最大の不幸です。たとえ、どんなに大きな邸宅にいても、「私には安住の場がない」という人がいます。つまり、原因は、そのスペース・空間の問題ではなくて、精神世界にあることを意味しています。だから、たとえ方丈《ほうじょう》（一丈四方）の庵《いおり》にいようとも、精神の世界の豊かさ、安らかさに生きるものは、真の幸福者であるということです。

すでに私は、如来の本願について、次のように申し述べました。「本来性を失って闇にさまよい、その重い業に耐えかねて苦悩する有情を発見された如来は、そのかなしみ―「悲」すなわち痛みを契機として〝救おう〟と思いたち、〝救いたい〟、〝救わねばならぬ〟と決意してくださいました。その意欲、その意志を如来の本願という」と。

これについて、曽我量深先生はこのように言っておられます。まず、阿弥陀如来の因位―法蔵菩薩について、

大自然（浄土）の本願は法蔵菩薩を開出した。而《しか》して此《この》菩薩に依りて、自然の理想的本願は人生の現実的本願となった。（「大自然の胸に」）

と。そしてこの後に、阿弥陀如来の本願発起《ほっき》の様子について、次のようにおっしゃっています。少し長い文章ですが、一部を省略しながら拝読しましょう。

静《しず》かに十方諸仏の光を驚嘆しつつ観察する時、その煥《かん》たる光明の蔭に、底知れぬ黒闇があった。そこに惨《いた》ましき悲涙《ひるい》があった。そこに深重《じんじゅう》の業報《ごうほう》があった。そこに始めて悪魔があった。そこに諸《もろもろ》の権力と屈従《くつじゅう》とがあった。そこに虚偽があった。（中略）そこに貧と病とがあった。そこには食わんが為に巣を探し卵を破らねばならなかった。そこには軍隊と艦隊とが必要であった。そこには財産と智力とがあった。そこには多くの囚人と貧民と無

知者と呼ぶ群萠《ぐんもう》があった。そこには慈善者や慈善事業が尊重せられ、必要とせられた。（中略）そこには家と云うものが建てられた。衣服と云うもので肉体を覆わねばならなかった。そこには無量無数の宗教と殿堂と呪文と木像と僧侶とがあった。而《しか》して遂に諸神諸仏諸菩薩と僧侶とに捨てられたる十方衆生があった。

誰か是等《これら》の暗黒のありさまを驚かないものがあろうや。（中略）畢竟《ひっきょう》（つまるところ）、如来の問題は自己の問題である。（中略）

我々は生れながらにして深重の業の所有者である。我は単なる、赤裸々《せきらら》でない。わが霊は未生《みしょう》以前に深重なる言教《ごんきょう》を全身に沁《し》みて生れた。我は如来の大願業力《だいがんごうりき》が此《この》肉体の一毛孔《いちもうく》にも充ち満てることを思う。噫《ああ》闇の業報よ、而《しか》して闇にかがやける宿業よ。我の肉体は是《こ》れ現在の法蔵菩薩である。法身説法《ほっしんせっぽう》の道場である。我は小なる意識に依りて自己を制限すれども、肉体は是れ大なる我である。（同前、中略筆者）

その悲しみを契機として、救おうと、衆生の救済をおぼしめしたちあがりたもうた如来の本願、その悲願の目的は、国土の建設です。安住の地のないものに安住の地を与えよう、国のないものに国を与えよう。永遠の（すなわちアミダの）、平安と平等と自由の世界、すなわち浄土を建てよう、はかりなきひかりといのちの国土を建立《こんりゅう》しよう。そしてそこに、十方世界の人びとを迎えよう。その来訪者を迎えるについては、念仏を道としよう。念仏往生の道、ここに救済の誓願を成就しよう、と。

こうして、「たもちやすく、となえやすき名号《みょうごう》を案じいだしたまいて、この名字《みょうじ》をとなえんものを、むかえとらんと、御約束《おんやくそく》」（『歎異抄』第十一条・聖典六三〇頁）くださったのです。

その意味において、阿弥陀の本願が、『大無量寿経《だいむりょうじゅきょう》』に、四十八の願として示されるのは、その願が、その実現を期して展開する四十八種の行《ぎょう》である、といえるでしょう。そしてそれは、その本願によって建立される浄土の国がらを制定するものであって、その点から本願は、浄土の四十八条の憲法だといわれるのです。

その国がどのようなところであるか、それを知ろうとおもえば、その国の憲法をみればよい。それと同様に、阿弥陀の浄土は、その四十八の本願によって、つぶさに明らかにされているのです。

三　如来国家の人民

本願とは、「本来の願い」であると辞書に記されていました。本来は、仏教によれば、如来です。如来こそ本来なのです。したがって、本願は、如来の願いです。

人間は、自分自身に与えられてある内面の世界――、その精神世界の広さ・深さ、豊かさ・暖かさを知らずに、欲望の充足を求めて、外へ外へと物質の世界にさまよい出ます。しかし、自己を忘れ、自己を離れ、そして自己を失ってさまよい出た流浪の旅―、その自己不在のところに真に満足な幸福があるはずはありません。このことを、かねてより知りたもう如来は、私たちに、この流転の人生の方向を転じて、「内へ帰れ」と呼びかけていてくださいます。失われたその本来性（すなわち如来性）を回復させて、如来の国家の人民たらしめたいと、願いをかけていてくださいます。

しかし、人間の迷妄《めいもう》は深く、世人《せじん》は、

愚痴曚昧《ぐちもうまい》にして自ら智慧《ちえ》ありと以《おも》うて、生《しょう》じて従来《じゅうらい》するところ、死して趣《しゅ》向《こう》するところを知らず。

（『大無量寿経』下巻・聖典七四頁）

（おろかで智慧がないのに、自分では智慧があるとおもっている。しかし無知だから、この生がやってきたところはどこか、そして死ねばどこへ行くのか、それを知らない）

生の始めもわからず、死の終わりもわからない。その意味において人生は、途中から始まり、途中に終わる、いわゆる中途半端で、ここには完結・完成はありません。

だからこそ阿弥陀如来は、このような人間に、本当の（真実の）始めを与えようと誓願をおたてくださいました。「十方衆生よ」と三度《みたび》呼びかけて、そうしてそこに、「我が国に生まれんと欲《おも》え（欲生我国《よくしょうがこく》）」と、三度、阿弥陀の浄土へ招喚《しょうかん》してくださっています。まことに、この「欲生我国」とは、始めを知らない流転の人生に、如来の世界の始めを開くことば、始めを与えることばなのです。

一、第十八願「十方衆生、心を至し信楽《しんぎょう》して我が国に生まれんと欲《おも》うて、乃至《ないし》十念せん。もし生まれずは、正覚《しょうがく》を取らじ」

二、第十九願「十方衆生、菩提心《ぼだいしん》を発《おこ》し、もろもろの功徳《くどく》を修して、心を至し願を発《おこ》して我が国に生まれんと欲《おも》わん」

三、第二十願「十方の衆生、我が名号《みょうごう》を聞きて、念を我が国に係《か》けて、もろもろの徳本《とくほん》を植えて、心を至し回向《えこう》して我が国に生まれんと欲《おも》わん」

親鸞聖人は、この「我が国に生まれんと欲え」という如来の、大悲の呼びかけを、「親鸞一人《いちにん》がため」と信受しておられます。これは「十方衆生よ」という如来の本願を、聖人御一人《ごいちにん》に荷負《かふ》して立たれたことを示すものです。

弥陀の五劫思惟《ごこうしゆい》の願《がん》をよくよく案ずれば、ひとえに親鸞一人《いちにん》がためなりけり。されば、そくばくの業《ごう》をもちける身にてありけるを、たすけんとおぼしめしたちける本願のかたじけなさよ　（『歎異抄』後序・聖典六四〇頁）

（阿弥陀如来が、五劫という長いときをかけて思惟して、念仏をえらんでくださった本願のおこころを、よくよく考えてみると、ひとえに親鸞一人のためであった。思えば、かぞえきれないほど多くの罪業をかさねてきたこの身であるのに、それをたすけようと、思いたってくださった阿弥陀如来の本願は、なんとかたじけないことであろうか）

さて、本願の「本」について、古来より二つの意味が示されています。その第一は、根本《こんぽん》の義《ぎ》。樹木でいえば根っこ、根本《ねもと》ということ。水の流れでいえば源。それで根源ともいいますが、あらゆる願いの中の願いです。枝葉の願いは数多くあるが、その願いの根本にあるもの、それを本願とあらわします。

人間には人間の願いがあります。しかし、その正体は欲望、煩悩ですから、如来の純粋な意欲としての本願と混同することはできません。けれども、如来の本願が、人間の煩悩と無関係にあるはずもありません。さまざまな欲望の内面深くにあって、その煩悩のなすまま、そのままを拒《こば》むことなく受け容れながら、時機純熟《じきじゅんじゅく》――時が来るのを待って、その煩悩そのものに、真の満足を与えるもの、その煩悩の完全燃焼を期するもの、それが本願なのです。

あるいは、多くの菩薩たちや、仏たちには、衆生済度《さいど》という共通の願い――総願があり、またそれぞれに特別の願い――別願があります。それらの、諸仏・諸菩薩の多くの願いの根本にあって、それらの願いを全《まっと》うさせるものという意味で、阿弥陀の願いを、本願といいます。そして、その阿弥陀の本願は、『大無量寿経』によれば、四十八願のすべてが阿弥陀の別願なのです。

ところが、この四十八願の中に、さらに特別の本願—別願中の別願がある、根本本願がある。それが、念仏往生の願（第十八願）です。

そして、「本」についての第二は、因本《いんぽん》の義です。因は果になるものである、その因を本という、因が本《もと》である。如来のさとりの結果をもたらす原因という意味で本願というのです。「正信偈」には、「法蔵菩薩因位時《ほうぞうぼさついんにじ》」（法蔵菩薩が、阿弥陀となられる因《もと》の位《くらい》におられた時）とありますが、広い意味でいえば四十八願は、すべて因本の願（因願《いんがん》）です。しかし親鸞聖人は、ただ漫然と本願の文《もん》をお読みになったのではありません。このことは、「念仏往生の願」が根本本願である、ということによってすでに明らかです。

阿弥陀如来は、衆生を救う道として、無数の宗教的実践、すなわち諸行《しょぎょう》の中から「南無阿弥陀仏」の名号を選びとってくださいました。その意味で、この本願は、選択本願《せんじゃくほんがん》（念仏のみを選び取り、諸行を選び捨てる本願）と申します。そして、この念仏によって仏陀に成らしめよう、成仏させよう、と。これが浄土真宗である。「念仏成仏はこれ真宗なり」（法照禅師《ほっしょうぜんじ》）です。

これを、さらに詳しくいえば、念仏を衆生に与えてくださったのは、この念仏の行《ぎょう》に信《しん》を包み、この信に未来の証《しょう》を包んで与えてくださったのです。すなわち信心は、涅槃の証果の真因《しんいん》なのです。

だから、念仏成仏とは、念仏が往生の道である（念仏往生）、信心が成仏するのである（信心成仏）と、このようにも教えられるのです。信とは証の因です。その、証という結果の原因、すなわち信心を、念仏によって与えよう、と。これが阿弥陀の本願なのです。

ところで、因果の問題ですが、これについて仏教では、「縁」ということを重視します。因縁の道理—これを説くのが仏教ですが、ここでは縁の問題にはふれないでおくことにします。

まず因果とは、因が果になるということで、これを従因向果《じゅういんこうか》（因より果に向かう）といいます。しかし、この世界、私たち人生においては、結果があれば、必ず原因があります。けれども因は必ず果になると決まってはいません。したがって、因果の必然性を保証するものとして、因果には、果が因になるということがなければなりません。つまり、従果向因（果より因に向かう）です。たとえば、何か果物を連想してみますと、それを因でとらえれば種であり、果としてみれば実です。だからもし、種を蒔いても実らないとすれば、それはじつは、種ではなかった。種だと思った、あるいは種であることを期待して蒔いたのだが、本当は種としての能力を欠いていた。

だから、その因をおさえれば、すでに因中に果あり。それを果でとらえれば、すでに果中に因あり。従果向因なくして、因→果なし。従因向果なくして、果→因なし。因がなければ果はないというのみでなく、果がなければ因もない。このような意味をもって、本願が、因本の願と言われるのです。

今、さらに一言、因果についてですが、仏教では、因果同時《いんがどうじ》ということを申します。種を蒔けばやがて実るというように、因と果の異時《いじ》（時を異にすること）は、人生に即しての因果律《いんがりつ》です。しかし、さきの果物の例が暗示していますように、如来においては、因と果の時は同じと説かれています。

因果同時は、大宇宙・大自然界の実相（ありのままの、真のすがた）ですが、このことが、私たちの人生に実現されてあるもの――、それは、ただ本願成就の南無阿弥陀仏のみなのです。

四　心も身も癒す願い

私は、一九八〇（昭和五十五）年二月の中旬、岩手県の盛岡にまいりました。そして例年どおり、小野三郎さんという方のお店をたずねました。

小野さんは、先祖伝来の南部古代型染《なんぶこだいかたぞめ》を生業《なりわい》とされる人（当時七十五歳）

で、一九六六（昭和四十一）年には、文学座の女優杉村春子さんの熱心な勧めによって、約一ヵ月、中国に行き、型染（自然染）の技術指導をなさるなど、その道ではよく知られたお方です。しかし、私にとりましては、金子大榮先生のご縁で法友となったお方で、先輩ではありますが、真宗の教えのお同行《どうぎょう》になります。その小野さんが、三月にオープンするある総合病院のロビーに、幅五メートルほどの壁画を依頼されたということで、そのとき、「ちょうど下絵が画《えが》けたところです」と、六枚の絵を見せてくださいました。

小野さんは、お孫さんをモデルにされるのでしょうか。童子観音さまの絵を数多く画き、それを染めてもおられます。杉村春子さんが、小野さんの自伝（『南部古代型染一代』）の序に、「美しいものと清らかなものを求めつづけて、あいを愛して、染めつづけていらっしゃる小野さん、その人柄も、そのお画きになる童女の仏様のように、俗からも悪からも遠い、美しい心を持った方」と書いておられるとおり、まことに清楚で、見るものの心が洗われるような作品です。

しかし、その絵は、病院のロビーに掲げられるのですから、いかに童子とはいっても、観音さま（仏さま）では、具合が悪いでしょう。こころよく思わない人もあるに違いない。では、いったい何を、どのように描けばいいのかと、たいへん悩まれたあげく、夢中に着想されたのは、かつて日本は中国から漢方の医療と共に薬草をも恵まれた、という故事《こじ》。それにヒントを得て、古代の衣《い》裳《しょう》に身を包んだ六人の童女が、悲田《ひでん》に立って、漢方伝来の薬草を採取する様子を画かれたのでした。

「この童女たちを動かしているのは、実は、如来の本願力である。人間の病《やまい》を根本的に治すことができるのは、本願醍醐《だいご》の妙薬のほかにはない。そんな気持ちを、童女に託して画きました」と言われました。

ところが、私にとっての問題は、その後です。お話を承《うけたまわ》りながら、しばらく拝見して見おわりますと、「今生まれたばかりの、この絵の名づけ親になってください。そして、この絵の意味、この絵に託した私の気持ちを、できれば解説してくださいとおっしゃるではありませんか。おことわりもできず、「さて、こまった」と、盛岡からの帰路は、さっそく言葉探しとなりました。

病院のオープンは三月八日、できればそれに間に合わせてあげたいと念じている私に、ふといただいた言葉――、それは、「いのちはかりなし〈寿無量〉」でした。しかし、これだけでは説明は不十分です。ことに場所は病院です。そこに身をおくとき私たちは、普段とちがって、ひとしお深く人生の無常と痛苦を実感します。それなのに、「寿無量《いのちはかりなし》」では、いかにも皮肉、とも思われることでしょう。そこで、絵の補足説明として、「童女、妙薬を採取して、苦患《くかん》を療《りょう》す」という言葉を添えて、サブタイトルとしました。これで、いくらかは絵の意味も知られることでしょう。しかし、小野さんの願いは、ただ表面的な絵の説明にとどまらずに、その内面の心を語れということにあります。そこで私は、しばらくの間、あれこれことばの詮索《せんさく》をしましたが、結局断念して、小野さんが、ことに尊敬しておられる金子大榮先生の書物から、六つの言葉を選ぶことにしました。

いのちはかりなし〈寿無量〉

—童女、妙薬を採取して、苦患を療す—

㈠　ここに自分というものがおる。不思議にたえないことである。それが一生を苦労して過ごさねばならぬものである。いとしいことである。

ここに自分がいるなどあたりまえではないかというところには、生の感動も不思議の実感もないでしょう。しかし、人は病むとき、ことに自分にかえって一生をおもうでしょう。自我（エゴ・ego）のみが自分ではない、その内面に自己自身（マイセルフ・myself）を包んでいるのである。そして、自分の「分」とは、分限（清沢満之）の分であり、「分を尽くして、用に立つ」（金子大榮）の分です。

㈡　人生は長さのみではない。幅もあれば深さもある。その長さは個人の一生であり、その幅さは人間の生活であり、その深さは永遠の場である。

このことばについては、すでに「人間の章」で、その意味を申し述べました（四七頁〜参照）。「日めくり」では、人生の深さを仏の命とありましたが、ここにはそれを永遠の場と言われます。

㈢　病まざれば、身に不思議の妙用あることが知られない。それゆえに病なき人は、終生、身の有り難さを感じないであろう。

ここに病むというのは、体の病にかぎらず、心の病をもさすのでしょう。したがって「身に不思議の妙用がある」というのは、一応は、肉体のもつ本能的な治癒の能力でしょうが、さらに深くとらえれば、宿業本能のところに現行《げんぎょう》したもう如来の本願力でしょう。

㈣　一個しかないものは自分である。数多いものは人間である。

これもまた含蓄の深い言葉です。あらゆる人間に共有の、普遍的な問題を、一個しかない一人《いちにん》の自分において明らかにする。病は、いやおうなく、この一個の自分に対面させるものです。

㈤　天地は悠久にして日々に新たである。永遠なる真実は、今のこの身の生命となっているものでなければならぬ。

『光輪鈔』には、「生死の帰依ということがある。私はそれを〝死の帰するところを以て生の依るところ〟と受容している」といい、その「生死の帰依を明らかにすることが私たちの道である」と述べています。そして、その「道を行うものは日々新たに日々に新たなるものは感である」と。もし、かわらない道がないならば、日々に新たということも、刹那主義とどれほどの違いがあることでしょう。永遠なる真実とは、阿弥陀如来なのです。

「真実」というは、すなわちこれ如来なり。如来はすなわちこれ真実なり。

（『教行信証』信巻所引『涅槃経』・聖典二二七頁）

それが、今のこの身の生命である、と。

これを曽我量深先生は、「我は如来の大願業力《だいがんごうりき》が此肉体《この》の一毛孔《もうく》にも充ち満てることを思う」といい、「我の肉体は是《こ》れ現在の法蔵菩薩である。（如来の）法身説法《ほっしんせっぽう》の道場である」（九七頁参照）とおっしゃっています。

㈥　真実とは、真理と実際とを融和せるものである。理を尽くし情を尽くせるものである。それは、われらの光となり命となるものである。

真《まこと》の道理（真理）とはいっても、それが無実（実のない）の観念《かんねん》であるならば、意味のないものです。だから、ことに親鸞聖人は、真実（すなわち如来）を尊ばれたのです。

よく理を尽くすもの、それは如来の智慧であり、よく情を尽くすもの、それは如来の慈悲です。そして、その智慧こそ、われらの無明を照破する光明《ひかり》であり、その慈悲こそ、寿命《いのち》の無量なる体にほかなりません。

さて、その後（一九八〇〈昭和五十五〉年三月十五日）、私は、小野さんから次のような便りをいただき、それを読んで驚きました。まずその内容をご紹介しましょう。

オープンが八日でございましたので、あの尊い御文をコピーし、壁画除幕式参列者全員にお配りすることができました。朗読は放送局のアナウンサーにお願い致し、感激の最高の場面が演出されました。

大学病院学長は、落成式祝辞に、あの六人の童女の願いを、医療に携わる全医師が、心深く聴いてほしい。今は科学の進歩は別として、あの六人の童女の如き慈《いつく》しみと柔《やわ》らぎ、和《なご》みを、病人が求めている。皆様、医師として聴くべきことは、あの場面により、あの金子先生、伊東先生のお二人の詩によって、残すところなく云い尽くされている、との御祝辞。

一同参列者は、声を揚げて号泣しました。感激の詩でございました。

私が驚いたといった理由が、おわかりいただけたことでしょう。現代の日本の、ある場所で、六枚に描かれた六人の童女の絵を前にして、大人たちが泣いたということ、これはいったいどうしたことでしょうか。

直接的には、小野さんの表現力であり描写力であり、古代型染の技術の力によるものといわねばなりません。また、それに添えられた金子先生のお言葉の力にもよることです。が、その根源にあるのは、それらとなってはたらく「如来の本願力」です。小野さんは「この絵を私に描かした何か」について、それは「わたし達の心も身も、そっくり癒す願い」と言っておられますが、その本願の力が、感動の場面を出現せしめたというべきでしょう。

本願力にあいぬれば
むなしくすぐるひとぞなき
功徳《くどく》の宝海《ほうかい》みちみちて
煩悩の濁水《じょくしい》へだてなし
（「高僧和讃」天親讃・聖典四九〇頁）

（阿弥陀の本願力に出遇うと、むなしく人生を終わる者は一人もいない。南無阿弥陀仏にそなわっている無量の功徳が、その人の身に満ちみちて、欲望に

けがれた水も差別なく同化してしまう）

念仏の章

一　煩悩は力なり

今朝、目を覚ましますと、息子（当時三歳三ヵ月）が、いつものように「おはよう」とも言わず、いきなり私に、「おまえは誰だ」と言うではありませんか。私は、内心の驚きをかくして平静さを装いながら、「おとうさんだ」と言いますと、さらに、「何ものだ」と追求します。私は「人間だ」と答えておいて、すかさず「きみは誰だ」と問いますと、「ぼくは、仮面ライダーだ」と。これを、テレビの影響だと評してすませることもできますが、私にはできません。私は、「人間だ」と答えたことが誤りだとは思いませんが、そのとき咄嗟《とっさ》に、「ぼくは、念仏者だ」ということが言えませんでした。

ここで、次は「念仏」です。すでにしばしばくり返し確かめてまいりましたように、親鸞聖人の教え―浄土真宗のおみのりは、人生を、真実に完成させてくださる道である。つまり、人間成就です。その、人間成就とは、すなわち如来の本願成就である。もし阿弥陀如来の本願がないならば、人生の完結は期することができません。

そこで、まず「人間」とは何か、「本願」とは何か、とたずねてきたのですが、今回は私たちの道として、その本願によって選ばれたところの「念仏」とは何か、それをたずねることにしたいと思います。

それについて『歎異抄』をみますと、

本願を信じ、念仏をもうさば仏《ぶつ》になる。（第十二条・聖典六三一頁）

とあります。人間とは何か。それには、さまざまな定義があるわけですが、その根本は、真《まこと》の人〈真人〉になるもの―仏になるもの―というところにあります。この、成仏という究極の目的を実現するはたらきが、今、「念仏をもうす」と教えられるのです。まことに「念仏成仏はこれ真宗なり」（法照禅師）です。「念仏なくして真宗なし」です。

ところで、児玉 暁 洋《こだまぎょうよう》氏（一九三一～二〇一八）が、次のように述べておられることをお聞きしました。それは児玉氏が、その師・暁烏敏先生との「出遇い」の体験を語られたものです。

はじめて先生にあったとき、ほんとうの光にふれたともうしましょうか、ここにほんとうのいのちがあると直観した。それと同時に、それこそ葉っぱも石ころも、みんな輝いていた。いまの言葉でいうと、すべての存在事物が、存在の光のなかで輝きながら現れてくるという、文字どおりそういう感じだった。つまり存在の光が、人格の光となって私の前に現れてきたと。ほんとうのひかり・ほんとうのいのち―、その存在の光が、人格の光となって現れてきたといわれる出遇い―。それは、本願念仏の人間化・肉体化であり、念仏者の誕生を意味するものでしょう。念仏のはたらきにおける念仏の出遇い、「南無・阿弥陀仏」の出遇いです。

その暁烏先生の晩年、北安田（現石川県白山市北安田町）・明達寺《みょうたつじ》のご病床に、ある日、金子大榮先生がお見舞いに行かれました。それは、癌によって肉

体をおかされて、まさに死を眼前にされたときのことだったといいます。いろいろことばを交わされたあと、

「金子さん、どこへ行かれますか」

「金沢へ」

「きょうは、どんな話をされますか」

「煩悩の話でもしてきましょうか」

すると、暁烏先生は、

「煩悩なんて、そんなものはないもんじゃ

人間には、ただ仏法ひとつしかないもんじゃ」

と、おっしゃったそうです。

この、お二人の先生の対話は、何を教えてくださるのでしょうか。私なりに、おもいはいろいろはたらきます。また、暁烏先生のご境涯は、いったいどのようなものなのでしょうか。不明の私には、それは定かではありません。し

かし、この否定のところには心して聞くべきことがあり、ここに先生の先生らしい面目があるのかと思われることです。

これに関連して私には、『歎異抄』の、次のことばが思いおこされます。

煩悩《ぼんのう》具足《ぐそく》の凡夫《ぼんぶ》、火宅無常《かたくむじょう》の世界は、よろずのこと、みなもって、そらごとたわごと、まことあることなきに、ただ念仏のみぞまことにておわします

（後序・聖典六四〇頁）

（煩悩のかたまりであるような私たち凡夫、火のついた家のようにはかないこの無常の世界のすべては、みなことごとくうそいつわりばかりで、なにひとつとして真実はないのに、ただ念仏だけが真実なのである）

この、ただ念仏のみぞ…のところに立ち、ただ念仏のみになりきって、「ただ仏法ひとつしかない」と言われたのでしょうか。とすれば、それは、「煩悩具足の凡夫・火宅無常の世界」の自覚そのものです。虚仮の自覚を語れば、「まことあることなし」。純粋な法界を示せば、「ただ念仏のみ」。ただ一つの実

相です。

虚仮を虚仮と知らしめるもの、それは念仏の光である。しかし、念仏は真実であると目覚ましめるもの、それは虚仮不実の闇である。だから、闇なくして光なし、光なくして闇なし。闇と光は、不一《ふいつ》（ひとつではない）・不二（ふたつではない）なのです。このことを金子先生はこのように言われます。

光いよいよ明らかにして、闇いよいよ深く、闇いよいよ深くして、光いよいよ明らかである。

虚仮不実の闇と光について、聖徳太子は、

世間《せけん》虚仮《こけ》、唯仏是真《ゆいぶつぜしん》

とおっしゃいました。これを「世間は虚仮にして」（世間は虚仮であって）と読むこともできるでしょうし、「世間は虚仮なれども」と読むこともできるでしょう。いずれにも、それぞれの意味があるでしょうが、おそらくこれは「世間は虚仮なり、〈すなわち〉唯《ただ》仏のみ是《こ》れ真《まこと》なり」と読むのでしょう。世間は虚仮であると断定するもの、それが仏法の真実なのです。唯《ただ》仏のみ真実と知らしむもの、それはこの世の虚仮です。

たしかに、人間を、その本来性（如来性・仏陀性）においてとらえれば、煩悩はない。しかし、そのないはずの煩悩を具足するものがいる。それが、凡夫とよばれる人間です。この凡夫を聖徳太子は、「ただひと」ととらえて、

我必ず聖《ひじり》に非《あら》ず。彼《かれ》必ず愚かに非ず。共に是《こ》れ凡夫《ただひと》ならくのみ。

（『十七条憲法』・聖典九六五頁）

とおっしゃいました。人間とは、その本来性を失って流転するもの、苦悩するものです。私たちは決して生まれながら赤裸々ではありません、無邪思《むじゃし》ではありません。凡夫とは「罪悪深重、煩悩熾盛《しじょう》」のものなのです。

忿《こころのいかり》を絶ち瞋《おもえりのいかり》を棄《す》てて、人の違《たが》うことを怒《いか》らざれ。人皆《みな》心有り。心おのおの執《と》れること有り。

（同前）

したがって、人間とはその本来性を回復して、解脱すべきもの、仏と成るべ

きものであり、その道として、阿弥陀の本願によって選び、与えられたのが「念仏」なのです。

ところで富山県に、西田辰正《たつまさ》という念仏者・妙好人《みょうこうにん》がおられました。その方の書簡集をみますと、その冒頭に、

煩悩は力なり　※仮名人《けみょうにん》

※仮名人とは「かりに名づけられた人」。人と呼ばれるものの実相は、空《くう》であり、無我《むが》であって、実体があるのではないが、因縁によって、仮にあるとされている人。

とあります。これはいったい何をおっしゃっているのでしょうか。

「仏法は無我にてそうろう」(『蓮如上人御一代記聞書』)。ですから「煩悩はない」ということは、道理であり真実でしょう。しかし、そのないはずのものが、現にこの身としてここにある、これが凡夫の現実です。この煩悩具足の凡夫を発見して、「たすけよう」「たすけたい」「たすけねばならない」と本願を

おこしてくださった如来は、その力そのままをもって、御身みずから、煩悩の身となってくださった。そして、この煩悩成就の身そのままに、転じて、念仏の往生人《おうじょうにん》とならしめてくださる。今、この身にはたらく、この念仏の力を、「煩悩は力なり」といわれるのでしょうか。

西田さんの書簡集に、次のような文章が載っております。ご紹介しますと、

きくおばーさん、念仏申されますか。

私は九十一さいになった、けれどなかなか申されませぬ、人々のじゃまになることばや、いらぬことはよくしゃべるが、ねんぶつばかりはくちにでにくいです。法然さまは、もうねん中から申し出す念仏の一声一声はどろの中から出て、きれいにさくれんげの花だと申されました。

きくおばーさんあんた、やっと八十二になったばかりであろう。心には老人はおりませぬ。ただ心の向けようだ。ことに念仏には太陽の光のごとくさべつなしだ。せいぜい念仏のはす花をさけて阿弥陀さまをよろこばせ

て上げましまいかね、おばーさん、春あたたかになれば、あんたわかいのだからきてかおをみせてください。ナンマンダブ……

西田辰正

（『大地に聞く』続編）

二　転成《てんじょう》のはたらき

最近「お墓を新しく造りたいが、墓石に刻む文字は何がいいか」というご相談を受けることがよくあります。私は、ただ〝南無阿弥陀仏〟と、お名号を刻まれるようにお勧めします。また〝※倶会一処《くえいっしょ》〟と書いてもいい、古くからあるものはやむをえないからそのままにするとしても、せっかく新しく造るのだから、「〇〇家之墓」とか「〇〇家先祖代々」などというのは、できれば避けてほしいと言って、その意味や理由などをお話しすることにしています。

※倶会一処──「ともに、ひとつところにてあう」と読む。『阿弥陀経』に、浄土とは、この世の愛憎を超え離れて、すべてみなよきひと・上善人《じょうぜんにん》となって会うところ、と説いてあります。

言うまでもなく墓は、火葬された遺体（遺骨）を埋葬するところですが、その墓石に〝南無阿弥陀仏〟と刻むのは、「南無阿弥陀仏は、人生最後の帰着点だから」です。もし墓がないならば、私たちは、残された屍骸《しがい》の始末に困りますし、また、もし念仏がないならば、私たちは永久に安息《あんそく》することができないまま人生を終わらなければなりません。

しかし、ここに帰着点というのは、親鸞聖人の教えによれば、そこから新しい人生が始まる──「人生最初の出発点」なのです。したがって、ここでいうところの墓とは、どこかの誰かを葬った場所ということではなくて、実にこの私自身の生き方にかかわる問題なのです。ですから、やがていつかくるだろうと予想されている未来、いわゆる臨終や死後のことではなくて、現在直面する今の問題なのです。

この「死」について、ある人がこう言っておられます。

人びとは、いたずらに死をおそれるが、この人生の終わりには、永遠の眠り、安らかな眠り、つまり〈死〉があるということは、なんとありがたいことだろう、なんとすばらしいことだろう

たしかに、今を生きることに苦悩し呻吟《しんぎん》するものにとって、安眠は、期して待たれる切実な願いでしょう。医学の進歩したこんにち、安楽死の是非が、ヒューマニズム（人道主義）の立場から論ぜられてもいます。

しかし私たちは、この生死に関する今の問題の解決を、臨終のときにと夢みることはできません。そのときに期待される安眠は、所詮《しょせん》は観念であり、その正体は、妄念・妄想であると言わねばなりません。しかもそこには、捨てきれない自我（エゴ）中心の思いがはたらいていて、死にきれない生への執着が、臨終に安楽を、と求めるのです。

このような、私たち人間・凡夫の生きざまを大悲されて如来は、その本願によって〝南無阿弥陀仏〟を選択《せんじゃく》（えらびとり）し、回向された（与えてくださる）のです。

すなわち、真実の救いとは、まずもって自我の屍骸を葬ること――。いつ始まったのか知ることのできない、これまでの曠劫《こうごう》以来の流転の自我を葬ることです。如来は、大悲の心から、生死する人生への執着に「死」を命じてくださる。その意味において、念仏は、流転の人生最後の帰着点なのです。

しかし、如来の真実の救いは、今申しましたように、私たちに、ただ死を与えてくださるのみにとどまるものではありません。これまでの、自我を立場とする生きかたを転じて、生死する人生のただ中に、生死を超える道を開き示して、ここに、生死のない「生」を与えてくださる。この道が念仏の道――念仏往生の道です。その意味で、念仏は、新しい人生、最初の出発点なのです。これを『歎異抄』には「念仏もうさんとおもいたつこころのおこるとき、すなわち摂取不捨《せっしゅふしゃ》の利益《りやく》にあずけしめたまう」（第一条）と示されています。

また、このような念仏のはたらきについて曽我量深先生は「念仏は旧人生を葬る墓なると共に、新人生の母である」と言われ、金子大榮先生は「念仏は、自我崩壊の響きであり、自己誕生の産声《うぶごえ》である」と言われます。

「死して、生きる」と教えられますが、まことに念仏こそ、それによって自我は崩壊し、それによって自己が誕生する、人間成就の大道なのです。

さて、先に暁烏敏先生が、「煩悩なんてないものだ、人間には、ただ仏法ひとつしかないものだ」と言われ、また西田辰正氏は「煩悩は力なり」と言われたことをご紹介して、その意味について、少しばかり私見を申しました。これに関連して、今私は、

虚妄分別《こもうぶんべつ》は有《う》なり　（『中辺分別論』）

という教えを想い起こします。虚妄分別（ものの真相をあやまって、みだりにはからい、妄念・妄想すること）は、虚妄（うそ・いつわり）であるから、それは本来

ないもの、真実からすればないもの、といわねばなりません。しかし、そのないはずのものをあると、あやまって考えたことまでないということはできない。たしかに、あると考えられたもの（対象）は、考えられたようにはないが、だからといって、その、あやまって考えたことまでもないといえば、事実に反することです。

たとえば、暗い道を歩いていると蛇がいた。〝蛇だ〟と驚いた。しかし、よく見ると、それは蛇ではなくて縄だった。蛇に似た縄を蛇だと思って驚いたのであった。しかも、その縄も、その本質は麻であって、それが、いろいろの縁によって、今は縄のかたちをとっているにすぎないのだ。これが真相だ、と。この場合、あるのは麻であり縄であって、蛇はないものである。けれども、そのないものをあるとして（虚妄に分別して）、驚きおそれた。だから、この虚妄の分別（これにもとづく驚きおそれ）は、ない（無）ということはできない、たしかにそれはある（有）、と。今ここに分別の虚妄性を知ることができるのは、智慧の光明に照らされてのことであり、このように人生の実相に目覚めるということは、すなわち智慧の念仏の自覚です。そして、この虚妄の現実を凝視して「虚妄の分別は有《う》である（無ではない、たしかにある）」といえるのは、まさに念仏の力によるのです。

まことに本願の念仏は、私たち衆生の虚妄を転じて実相にかえらしめるもの、私たち人間の悪業《あくごう》煩悩を転じて菩提《ぼだい》を得しめるものです。これを聖人は、

悪を転じて徳《とく》を成《な》す正智《しょうち》（正しい智慧）　（『教行信証』総序・聖典一四九頁）

と、お述べになっています。この転成《てんじょう》のはたらきこそ、本願の念仏の力です。

あるいは念仏は、絶対無限の如来と相対有限の衆生とを結ぶものといい、断絶する両者の媒介であると説明されることもあります。あるいは念仏は、渡ることのできない此岸《しがん》から彼岸へ、よく衆生を渡すために如来から架けられた橋であるとも言われます。しかし、実は念仏においてはじめて如来があり衆生がある、念仏においてはじめて闇があり光がある。これが実相でしょう。

まず如来と衆生、彼岸と此岸とを予想して、その両者を関係づけるものとして念仏があるということではないのでしょう。だから、もし念仏がないならば、如来もなく衆生もない、虚妄もなく真実もないと言わなければなりません。

さてこの、「煩悩は力である」といわしめるもの、それは念仏の力です。このことに関して、曽我量深先生は、すでに早く〝煩悩仏〟というとらえかたをもって〝南無阿弥陀仏〟を、次のように論じておられます。

法然、親鸞の二師は鎌倉時代の大仏の建立者であらせられた。奈良の大仏は銅仏であり、美の仏であり、人為の仏であった。叡山の大仏は草木国土仏であり、真の仏、自然無作《じねんむさ》の仏であった。今や鎌倉時代の二大宗教家は自己身内の八万四千の煩悩を以《もっ》て南無阿弥陀仏の如来を建立し給《たま》いた。

（「煩悩仏の建設者」）

この曽我先生の言葉を見ていくにあたり、念仏の意義について、一言ふれておきます。というのは、いやしくも仏教であるかぎり、すべてみな念仏なくしては教えは成り立たない、ということです。

こんにちでは、念仏といえば称名《しょうみょう》念仏のこと、それは浄土教での宗教的実践のことという理解が、一般に広くゆきわたっていて、他の宗教では、念仏の行は、ほとんどかえりみられないか、あるいはまったく用いられないか、どちらかです。たしかに称名念仏を唯一の行と定めて、浄土教を、それまでの聖道仏教の寓宗《ぐうしゅう》（借家ずまい的な教え）から、浄土宗として独立されたのは、法然上人です。しかし、それまでは念仏を、それぞれの教えにおいてどのように位置づけていたのか、どのように理解していたのかという違いはあるにしても、念仏の行がないのではありません。実は、念仏がないならば、仏道は、その成立の根拠を失うのです。

その念仏の実践が、仏教の歴史において、その本来的なすがたを明らかにするに至った経過をふまえながら、曽我先生は、「人間仏、煩悩仏」を論じておられるのです。

おもえば釈尊の、あの菩提樹のもとで得られたおさとり（正覚）は、まずインドにおいては『華厳経《けごんぎょう》』という光明文学として現れたのでした。それが中国においては※法界唯心《ほっかいゆいしん》の哲学となり、それが日本に伝わって奈良東大寺の※大《だい》毘盧遮那仏《びるしゃなぶつ》像（いわゆる大仏）となって、三千年の昔の、美しくおごそかな光景をしのばせるに至ったのです。この奈良の大仏建立という事業によって、遠いインドの聖者《しょうじゃ》であられた釈尊が、日本の大聖《だいしょう》となられたのであり、その意味で大仏建立は、日本的仏教誕生の記念碑なのです。

※法界とは、意識の対象となるすべてのものごと。唯心とは、この宇宙のあらゆる存在は、心から変現したものであって、心こそ唯一の実在であり、心をはなれて存在するものはなにもない、ということ。

※毘盧遮那仏とは、もとは太陽を意味し、仏智《ぶっち》の広大無辺をあらわす。『華厳経』のご本尊。

日本における第二の大仏は、伝教大師《でんぎょうだいし》によって、比叡の山に建立されたのでした。『法華経』の教えによりつつ、大師は、「草木国土悉皆成仏《そうもくこくどしっかいじょうぶつ》」（草木や国土のように心をもたぬもの・非情のものも、ことごとくみな仏になる）という信念に立って、自然の山を如来の体とし、その頂上に、仏頭―すなわち根本中堂を建立し、それによって国家と国民を指導しようと願われたのです。

そして日本の仏教は、さらに鎌倉時代にいたって、法然・親鸞の二師を待って、〝南無阿弥陀仏〟の大仏を建立せしめることになりました。

有漏《うろ》（煩悩）の穢身《えしん》をその殿舎となし、久遠《くおん》の罪悪をその質料となす。貪《とん》欲《よく》（むさぼりの心）は清浄光《しょうじょうこう》を顕《あら》わし、瞋恚《しんに》（いかりの心）は歓喜光《かんぎこう》を顕わし、愚痴《ぐち》（無明の心）は智慧光を顕わす。而《しか》して此《この》人間仏煩悩仏の建立者は法然、親鸞二師である。特に自ら進んで在家生活を実行して、非僧非俗《ひそうひぞく》主義の体現者なりし親鸞聖人に至りて、人間仏煩悩仏は益々《ますます》光を放ち、今や幾千万の人間仏煩悩仏を此界に見ること、何たる壮観であろう。

（「煩悩仏の建設者」）

三　いのちの活動

南無阿弥陀仏　往生《おうじょう》の業《ごう》は念仏を本《ほん》とす

（『教行信証』行巻所引『選択集』・聖典一八九頁）

私たちが、この人の世をわたる基準をどこにおくべきか。これについて法然上人は「念仏のもうされるように」と、簡潔に教えてくださいました。なぜなら、「往生のためには、念仏第一なり」（『和語灯録』巻五）だからです。そして「念仏のさまたげになるものは、それが何であっても、すべてみな厭《いと》い捨てよ」（同前・取意）といい、さらに次のようにおっしゃいます。「出家して独身で念仏が申されないなら、在家で結婚して念仏申せ。妻帯して申されないなら、独身で申せ。住所を定めて申されないなら、旅をして申せ。旅のくらしで申されないなら、家に居て申せ。…一人で申されないなら、同朋《どうぼう》と共に申せ。人といっしょでは申されないなら、一人籠居《ろうきょ》して申せ。要するに、衣食住の三は、念仏の助業《じょごう》（念仏のたすけとなる行為）である」（同前・取意）と。このように私たちの生活の姿勢は、きわめて明快です。

この上人の教えを、疑いなく、二心《ふたごころ》なく信受するところから始まった親鸞聖人の新しい人生――。それを如実に示すのが『歎異抄』の、

親鸞におきては、ただ念仏して、弥陀にたすけられまいらすべしと、よきひとのおおせをかぶりて、信ずるほかに別の子細《しさい》なきなり。

（第二条・聖典六二七頁）

ということばです。

この世をわたる生活の様式はさまざまで、多くの道があるかのようである。救いを与える宗教の実践（行《ぎょう》）もいろいろで、いずれを選ぶのも自由のようである。しかし、法然上人の教えの伝統を承ける「親鸞におきては」ただ、念仏申すことのみが、真《まこと》のいのちの実現である。念仏往生という人間生活のみが、永遠《とわ》なるいのちを生きる道である。なぜなら、念仏は、本願の道だからであ

る、と。

もし本願の念仏がないならば、人生が、真実に完成し成就することはなく、仏教は、私たちの畢竟依《ひっきょうえ》（究極の依りどころ）となることはないでしょう。「念仏なくして仏道なし」です。

かえりみますと、仏教の歴史にあって、久しく周知されずにきた仏道の実相を、明らかにされたのが法然上人でした。それが、浄土宗の独立という一大事業の意義です。自力聖道の教え（人間の自力を信頼する心で受けとられた仏の教え）を本流とし、浄土の教えは、その寓宗（仮住まいのような教え）にすぎないと考えられていたのが、法然上人の出現によって初めてその本来のすがたを明らかにすることとなりました。その独立の宣言が、『選択集《せんじゃくしゅう》』の、「選択本願念仏」（阿弥陀仏の本願によって、選択されたところの念仏）であり、そこに鮮明せられた旗幟《きし》が、その冒頭に掲げられた、「南無阿弥陀仏」です。

そして、この教えの意味を、親鸞聖人は、如来の本願に照らして明らかにして、この念仏の大行《だいぎょう》が、如来の「大悲《だいひ》の願《がん》」（第十七願）によるものであると示してくださいました。

諸仏称名《しょぶつしょうみょう》の願　浄土真実の行　選択本願の行　（『教行信証』行巻・聖典一五六頁）

（もろもろの仏たちによって、「南無阿弥陀仏」と、その名を称《とな》えられ、その名がたたえられ、阿弥陀のまことであることを証明されることを求められた本願。すなわち第十七願。親鸞聖人にとっての「よき人」法然上人は、人となりたもうた仏である。その上人が「ただ念仏」と教えてくださるということは、第十七願の成就、その歴史的事実である。この本願が成就して「称名」されるということは、これこそ浄土の真実が実現される行であり、これこそ「南無阿弥陀仏」を選びとられた本願の行である）

私たちは、念仏を、他のあらゆる人間の行為・行動（自力の諸行）と混同して、目的実現のための手段ととりちがえがちです。たとえば「本願を信じ、念仏をもうさば仏になる」（『歎異抄』第十二条）というのは、これは自然《じねん》の道理です。ところが、その意味を正しく理解できないで、さとりをうるための実践（手段）として、念仏を申すのである、と。

たしかに私たち人間におけるある行為は、何かのためになされるものであり、ある結果を得ようとしてなされる手段でしょう。しかし念仏は、念仏を申すという行為それ自体、念々に完結し、念々に満足します。なぜなら、それは、本願の行・他力の行だからです。

南無阿弥陀仏は、如来の行であって、人間の自力の行ではありません。念仏は、一如の真実《まこと》が、そのまことを失わず変質せずにそのまま、私たちの上に現れ来たれるもの（如→来）です。すなわち念仏は、如来（すなわち真実）の現《げん》行《ぎょう》です。

したがって念仏は、私たちの人生にあらわれてありますが、それは、この人の世の時間と空間を超えたもの――永遠《とわ》なるもの、無限なるものです。無量であり、無辺《むへん》であり、無碍《むげ》です。いわゆる過去と現在と未来の三世（時間）を内に包む絶対の大現在です。ここには、東西南北上下四維《しゆい》の十方（空間）もまた内に包まれています。

一声《ひとこえ》の念仏・一念《いちねん》の念仏として、この人生に回向せられ表現されるのですが、念仏は、この人生を超えて、人生を包む如来の現行なのです。これが、この人生のただ中に現れてくださった行であるから、私たちは、この念仏において如来との出遇いを恵まれます。しかし、これが、この人生を超えたものであるから、この念仏によって、私たちは生死を出離《しゅつり》して、如来（すなわち本来）の国に帰らしめられるのです。

まことに念仏は、浄土真実の行であり、選択本願の行です。ですから、人生の中の念仏が、この人生をして、念仏の中の人生へと転換せしめてくださるのです。この人生―念仏往生の生活を、親鸞聖人は「大行」とお示しくださいました。「大」とは、絶対であり、普遍であり、真実であり、そして「行」とは、浄土への生活です。

この「大行」ということばに関して、次のようなことがありました。それは、かつて鈴木大拙先生が真宗大谷派の懇請を受けられて、『教行信証《きょうぎょうしんしょう》』を英訳されたときのことです（翻訳されたのは、全六巻のうちの前四巻だった）。先生は、いろいろ検討し推敲《すいこう》を重ねられた結果、ついに大行を〝グレート・リビング〟（great living）と訳されました。リビングとは、生活することであり、生きることそのことです。

その後、この訳語について、たとえばある仏教学者から、「不適当でないか」という批判が出されているのも耳にします。しかし先生は、そうした問題を先《せん》刻《こく》ご承知の上で、あえてリビングとされたのでしょう。ご草稿《そうこう》（下書き）を見ますと、「行」は、まず〝アクト（act）〟、それを〝プラクティース（practice）〟にかえ、また〝アクト〟とされています。いずれも、いわゆる行為・実践を意味することばだといいます。

このような添削をへて、ついに〝リビング〟とされたのですが、この間には、ほぼ十年のときが経過していました。

称名念仏の歴史の浅い英語世界へ、この大乗仏教の大行を、あやまりなく伝えるには、どういうことばを採《と》ればよいのか。そのことに心をくだかれた先生は、宗教的な実践・修行をあらわすことばとして、慣用化されているプラクティースやアクトを避けて、思いきって新しく、リビングとされたのでしょう。大乗仏教の念仏行は、絶対行であり、絶対生活である。「絶対無限の妙用」（清沢満之）であり、まことのいのちの活動である。そういう意味を表現することばとして〝グレート・リビング〟が、英語世界の人びとに受け容れられていってほしいと、鈴木先生は、このことばを選ばれたのでしょう。ここには先生の、願いと祈りがこめられていると、私には思われるのです。

さて、あらためて大行とは何か。

大行《だいぎょう》とは、すなわち無碍光《むげこう》如来の名《みな》を称《しょう》するなり。

（『教行信証』行巻・聖典一五七頁）

（「南無阿弥陀仏」と、名を称えること。「帰命尽十方無碍光如来《きみょうじんじっぽうむげこうにょらい》」と、称名念仏することである）

称名・念仏は、如来の行です。だから、ここには一切の善があり、一切の徳がある。

もろもろの善法《ぜんぽう》を摂《せっ》し、もろもろの徳本《とくほん》を具《ぐ》せり。（同前）

すなわち「南無阿弥陀仏」と、名を称える一声《いっしょう》・一念に、ただちに（極速《ごくそく》に）、如来のまことは円満《えんまん》し、如来のまことは顕現《けんげん》する。南無阿弥陀仏は、真《しん》如《にょ》のまことを湛《たた》えた宝の海である。だから称名を、「大行」というのである、と。

この行、すなわち大行について曽我量深先生は、「始めに行あり」と教えてくださいました。「選択本願の行」ということばからも知られるように、本願によって選ばれた念仏は、すでに本願に先立ってある、ということです。

如来は、その御心《みこころ》（本願）を表現することばとして、「南無阿弥陀仏」を選びとり、これを道として「わが国に帰り来たり」「念仏して仏陀となれ」と、この行を与えて、私たちにまことの目覚め（信の自覚）を促してくださっているのです。

だから、もし始めに行がないならば、如来もなく人間もない、本願の救済もなく衆生の自覚もない、と言わなければなりません。如来の本願に先立って大行がある、信心の自覚に先立って大行がある。始めに行がある。だから、人生のどこを切りとっても、すべてがみな南無阿弥陀仏である。これが念仏です。

四　法蔵菩薩の誕生

仏さまの世界に、ことばがあるか、ないか。それはわかりません。仏さまの相互にあるのは、文字どおりの以心伝心《いしんでんしん》であるとするならば、ことばは不要なのでしょう。しかし、私たち人間にとって、ことばのない人生は、まったく考えられないことです。人間は、ことばをもってものごとを思索し、ことばによって体験を伝達します。私たちは、あるひとつのことばに接して、ときには迷い悩み、苦しみ悲しみもします。そしてまた私たちは、あるひとつのことばに触れることによって、喜び和み生きる力をも得るのです。つまり、ことばによって流転するもの、しかしまた、ことばによって救済されるもの、これが人間です。

そこで如来は、「南無阿弥陀仏」をもって、その御心（本願）をあらわすことばとし、すべての人びとに〝南無阿弥陀仏〟と話しかけ呼びかけてくださいます。それが本願の念仏なのです。

念仏とは、仏を念ずることですが、その背景には、仏念《ぶつねん》があります。仏念とは、仏が念じてくださっているということです。私たちに対して仏は、「人びとよ、あなたは仏となられる人である」と、敬し愛し護り念じて「南無阿弥陀仏」と申してくださいます。南無の阿弥陀仏、われら衆生に南無してくださる阿弥陀仏があってはじめて、私たち人間に、阿弥陀仏に南無するということが成立するのです。

人びとよ、あなたは本来、如来の国家の人民です。

人びとよ、あらゆる人間の真の人間性は、如来性であり仏陀性（仏性）です。

人びとよ、煩悩成就の人間――、これは煩悩仏であり、※当来仏《とうらいぶつ》です。

と、呼びかけてくださっているのです。

※当来仏とは未来の仏と同義。しかし、まだ来ない未来という意味にとどまらず、必ずまさに来るべきものとして約束されているというので、当来という。

さて、阿弥陀仏を考えていくにあたり、こんな話があります。ある有名な仏像彫刻家が、仏像を彫っておられました。この人の手にかかると、ごく普通に見える木を素材として、そこから、実に見事な仏像が出現します。それを見ていたある人が「これは不思議だ」とたいそう感心すると、側にいたもうひとりの人が「何でもないことだ。この木の中には仏さまがおられる。それをこの人は鑿《のみ》で彫り出しておられるんだ」と言いました。

「なんだ、そうか」と、その人は、鑿で木を彫りはじめました。しかし、彫っても彫っても木の中に仏さまは見当たりません。とうとう木はなくなってしまいました。「この木にはおられなかった。あるいはこの木には…」と、また彫りはじめましたが、結果は同じだったといいます。これは、笑ってすませることのできない笑い話です。創造するということ—新しいものをつくり出すということは、まずそれを見いだす、発見するということです。そして、そのかたちのないものをかたちにあらわす、かたちのないものにかたちを与えるのです。

法身《ほっしん》は、いろもなし、かたちもましまさず。しかれば、こころもおよばれず。ことばもたえたり。この一如《いちにょ》よりかたちをあらわして

法蔵菩薩《ほうぞうぼさつ》となのりたまいて、無碍《むげ》のちかいをおこしたまうをたねとして、

阿弥陀仏と、なりたまう

（『唯信鈔文意』・聖典五五四頁）

（『一念多念文意』・聖典五四三頁）

如↓来の「如」には、いろかたちがありません。しかし、かたちのないものは、ないのではありません。私たちの眼には見えない、私たちの心ではとらえられない、私たちの言葉では表現できないものです。もし、如のまことがなければ、すべてのものは、本当に成立し存在することはできない。この如（すなわち法性法身《ほっしょうほっしん》）が、純粋感情であり、この如よりかたちをあらわして来るはたらきが、その表現としての南無阿弥陀仏（すなわち方便法身）なのです。

金子大榮先生は「念仏は、純粋感情の表現である」と言われますが、南無阿弥陀仏は、いつでもどこでも誰にでも感覚される、如来の、純粋感覚です。私たちの感情・感覚は、煩悩によって汚染されています。そこで如来は、私たち人間のこの身に体験することのできる念仏となって来生《らいしょう》してくださいます。純

粋感情（如）が、その純粋さにとどまることなく、その純粋さを失うことなく、純粋感覚としての南無阿弥陀仏とかたちをあらわしてくださいます（来）。そして、この念仏によって、人間の本来性を回復させてくださいます。これが南無阿弥陀仏なのです。

これを親鸞聖人は、「法蔵菩薩となのりたまいて…」とお示しくださいました。法蔵菩薩のご誕生は、如来の人間化です。如来が、人間となり求道者（菩薩）となって、「みんなが仏となるように」という願い（本願・純粋意志）を実現してくださるのです。その身みずから、まず念仏する人（念仏者）となって、私たちに念仏の道を示し、念仏の世界を開いてくださいます。その意味で、法蔵菩薩は、最初の念仏者・原初の念仏者なのです。曽我量深先生は「南無阿弥陀仏は、生ける言葉の法身なり」と言われました。

南無阿弥陀仏は、如来のことばであり、本願のことばです。このことばが、すなわち如来であり、如来の法身なのです。その普遍の真理（法）が、かたちをあらわして、身体として表現されます。

法とは、のり（則）であり、それにのっとって、おこなうもの（行）です。この身《み》に体《たい》しておこなうもの、それが法であり、念仏です。

私たちの身体によっていいますと、「体《たい》は主質《しゅしつ》の義《ぎ》」（天台大師）といいますが、まず骨格であり、骨幹《こっかん》です。それなくしては主体的に自立できないもの、すなわち背骨（バックボーン）です。また肉体には、それぞれの体質というものがありますが、如来は、念仏をもって体質とすると教えてくださいます。人間の真実の体質、それは念仏です。そして、その体質は、具体的に手足の指さき、一本の髪の毛のさきにまで流れています。

すなわち私たちが、この身をもってこの世に誕生したということは、すでに念仏を、この身としてたまわっているということなのです。これが仏陀の人間観です。これを曽我量深先生は、「わが肉体はこれ現在の法蔵菩薩、法身説法の道場である」と言い、また、「如来、我《われ》となって我を救いたもう。如来、我となるとは、法蔵菩薩の御誕生である」と、お教えくださっています。

南無阿弥陀仏は、まことに不思議なことばです。これは、私たちの「こころもおよばれず、ことばもたえた」ところから出ることば、如↓来のことばです。だから、これは言うまでもなく、阿弥陀仏という名の仏をあらわす単なる名詞・名称ではありません。「名は、体をあらわす」と言いますが、「南無阿弥陀仏」――、これが阿弥陀の名告《なの》りであり、これが本願の呼びかけであり、これが如来の法身なのです。

したがって、南無阿弥陀仏は、阿弥陀仏国《ぶっこく》の国語なのです。これは、日本にあっては日本語、アメリカでは英語、フランスではフランス語ですが、それがそのまま如来の浄土の国語です。このことばをいただいて、現世をわたるもの、これが念仏者であり、往生人なのです。

だから、私たちは、阿弥陀仏を呼ぶときにのみ念仏を称えるというのではありません。南無阿弥陀仏と念仏を申せば、そこに、仏たちが、菩薩がたが、そして神がみがましますます。薬師如来も観音菩薩も、みな念仏の中にいてくださいます。亡き人を思ってその人を呼ぶときも、やはり南無阿弥陀仏なのです。この南無阿弥陀仏の六字を、親鸞聖人は、南無の二字と阿弥陀仏の四字に開いて、その深い意味を明らかにしてくださいました。

まず南無とは、如来の呼びかけです（本願招喚の勅命）。

汝《なんじ》一心《いっしん》に正念《しょうねん》にして直《ただ》ちに来《きた》れ、我《われ》よく汝を護《まも》らん。

（『教行信証』信巻・二河の譬喩・聖典二二〇頁）

だからまた南無は、如来の恵みです（まことの行を回施《えせ》してくださる心）。

阿弥陀仏というのは、その如来のはたらきであり、如来の願いです（南無阿弥陀仏を選択してくださった本願）。

願い（願）が、すなわちはたらき（行）であるというのは、わかりにくいようですが、それは私たち人間の場合にひきあてて考えるから、人間的な関心（はからい）でもってとらえようとするからでしょう。願いをおこしてくださったとき（発願《ほつがん》）、その「発」によってすでに明らかなように、意欲はすなわち意《こころ》の業《はたらき》（意業《いごう》）なのです。これを『歎異抄』後序には、

たすけんとおぼしめしたちける本願　（聖典六四〇頁）

と示してくださいました。たすけようと意欲したもう御心《おんこころ》（願）は、ただ座して視《み》るにとどまることなく、ただちに立ちあがってくださったのです。如来の願は、すなわち行なのです。

この「願―行」の念仏によって私たちは、如来に目覚め（信心を獲得《ぎゃくとく》し）、不《ふ》退《たい》の位《くらい》につき、必ず「往生をばとぐる」者となる。これが南無阿弥陀仏であると教えてくださっているのです（『教行信証』行巻・六字釈取意）。

信心の章

一　信は力なり

今回は、「念仏」をうけて「信心」です。何を信じるのか、いかに信じるのか、信じればどうなるのか。清沢満之先生は、「信は力なり」と言われました。先生は、満四十歳にいたらないその人寿《にんじゅ》を全うされるに先立って、その一週間ほど前に、「予はいかにして如来を信ずるにいたりしか」(「我が信念」)という貴重なお言葉を書き遺してくださいました。先生の人生は、その信念に到達する求道の歩みであり、その信念から出発された不滅の歩みです。そこには、それを最後とし、それを最初とするところの信念の人生が示されています。その意味で「我が信念」は、そのことを教えてくださるお言葉として、まさに珠《しゅ》玉《ぎょく》の金言《きんげん》です。

ところで現代の、ことに日本人の中には、自分は無宗教である、無信心であるという人が多くいます。しかし、そういう人も一旦、何かことにであうと、

「神よ、仏よ」と、これまでの態度が豹変します。そのことからみれば、今現にある特定の宗教を信じていないとしても、その人びとは、潜在的な信者の予備軍であるといえるのでしょう。つまり、人間はみな、意識するかしないか、自覚するかしないかの別はあるにしても、本来的に、宗教と無関係であることはできないものです。

かえりみますと、私たちは、何をどのように信じるのか、その信条は、人それぞれにちがいがあるにしても、信なくしては人生は成り立ちません。したがって、まことの信がなければ、まことの人生はない、これが道理です。

曽我量深先生は、

人間は、生も管理することができないし、死も管理することができない。生も知らず死も知らずして生きておる。だから、さっぱり安心できない。結局、われわれは運命論者というものになる。

と言われました。さらに先生のことばは続きます。

運命を支配する神様というものがあって、それにわれわれの運命は握られておる。どんなおそろしい神様かもわからない。だから、ご気嫌をとって、逆らわないようにしよう、と。要するに御幣《ごへい》をかつぐ。つまりこれは、信心とはいうものの、その正体は、縁にともなって変化する運命を、ときには喜び、ときには悲しむ煩悩であり、欲望であるといわなければなりません。

かなしきかなや道俗《どうぞく》の
良時吉日《りょうじきちにち》えらばしめ
天神地祇《てんじんじぎ》をあがめつつ
卜占祭祀《ぼくせんさいし》つとめとす
（「正像末和讃」・聖典五〇九頁）

（まことにかなしいことである。出家も在家も、ときのよしあしをいい、日々のよしあしをえらんで、天の神がみ・地の神がみをあがめながら、うらないやまつりごとにかかりはてている）

すなわち、ここにいうところの信心とは、ことばかりは同じであっても、その内実は、まことの信心とは似て非なるもの、本質的にまったく異なるものです。これを親鸞聖人は、欲望の充足を求めて、幸福を求める心、不幸を畏《おそ》れる心と教えてくださいます。つまり、罪をおそれ福をもとめる心―罪福《ざいふく》にまどう心が、信心の装《よそお》いをこらし、信心の名を騙《かた》るのです。

では、どうして人びとは、このような似非《えせ》宗教（似ていて実はそうでない宗教）に迷うのでしょうか。その原因は自分の運命がわからないこと、不明であることと、無明であることにあります。そこで人びとは、つねに運命の神様の顔色を気にしながら、ご機嫌がよいとおもえば幸せをくださいとおねだりをしますし、ご機嫌が悪いとおもえば胡麻《ごま》すりをします。そしてときには、「さわらぬ神にたたりなし」と没交渉《ぼつこうしょう》を決めこむこともするのです。

これについて蓮如上人は、次のようにお教えくださいました。

それ、八万の法蔵《ほうぞう》をしるというとも、後世《ごせ》をしらざる人を愚者《ぐしゃ》とす。（中略）しかれば、当流《とうりゅう》のこころは、あながちに、もろもろの聖教《しょうぎょう》をよみ、ものをしりたりというとも、一念の信心のいわれをしらざる人は、いたずら事なりとしるべし。（『御文』第五帖第二通・聖典八三三頁、中略筆者）

宗教以外のこと、仏教以外のことをどれほど知っていても、もし人間の運命について正しく知るということがなければ、それは所詮、愚かな人、智慧なき人といわねばならない。しかしもし、後世《ごせ》、つまりこの自分がこの世に誕生したということの出世《しゅっせ》の本懐《ほんがい》を知るならば、その人は本当の智者《ちしゃ》というべきものである、と。

この意味において、まことの信心とは、人間の欲望・煩悩とはまったく異質の、如来の智慧です。清沢満之先生は、

私の信念は、無限の慈悲と無限の智慧と無限の能力との実在を信ずるのである。（「我が信念」）

とおっしゃいました。信心とは、衆生を信じたもう如来の心です。衆生を敬し

愛し念じてお護りくださる如来心が、私たちにあらわれて信心というのです。

先般、大阪のある会で、七十年配のご婦人が次のように言われました。

私は、若いころから聞法ひとすじに励んできて、いつもいつも仏教のことを想ってきました。しかし、どうしても信心がいただけなくて悩んでいます。どうしたら信心がいただけるのでしょうか。

と。まことに深刻な問題です。

今私は、「如来心が、私たちにあらわれて信心という」と申しました。あらわれるとは、私たちの欲望を突破してあらわれるのであって、それが、私たちのものではないということから「いただく」とも言うのです。その意味では、浄土真宗の信心を語るについて、いただくということばは、きわめて大切なことばなのです。

いただくということは、『歎異抄』のことばをもってすれば、「如来よりたまわりたる信心」（第六条、後序）で、いただくもたまわるも、如来の回向ということを、私たちに身近な日常用語であらわしたものです。

この信心が、私たちにあらわれることを、信受《しんじゅ》といい、信順《しんじゅん》ともいいます。受も順も、如来に対する絶対の受け身、まったくの受動のようですが、しかもまたこの信をうることを「信心獲得《ぎゃくとく》す」（『御文』）といい、あるいはまた「帰《き》命《みょう》の一念、発起《ほっき》すること肝要《かんよう》なり」（『蓮如上人御一代記聞書』）と言われることからもわかるように、その受動は単なる受動でなく、真《しん》の能動に転ずる契機を孕んだ受動であり、一見、消極的に見えるその中に実は積極性を含むものなのです。

かつて鈴木大拙先生は、こうおっしゃいました。

チョコレートのうまさは、どう説明してみても、ことばではあらわしきれない。自分で食べてみて、そして他人《ひと》にも、まあ食べてみなされとすすめるよりほかない。仏法の味もそれといっしょだ。

と。ここにいわれるところの「たべる」が、つまり〝いただく〟なのでしょう。

私たちは、この肉体を養うについて、毎日毎日、食事をいただきます。たとえば、お隣から野菜をいただいた。そこで、それを料理して食器に盛り、箸をつけていただく。よく咀嚼《そしゃく》して内臓に送れば、そこで消化して、やがて血となり肉となり力となる。つまり、いただくということは、生きる力を得ることであり、生きるエネルギーをいただくことです。

この肉体に食物が必要であるように、精神にもまた食糧がなくてはならない。さらにそれのみではない、この肉体と精神が共に生かされていくところのエネルギーがなければならない。それが念仏の信心である。それを清沢満之先生は「信は力なり」と言われたのでしょう。

曽我量深先生はこのように言われました。

仏さまにもまかせられないことがある。それは仏をたのむということである。

真宗の教えは他力であって、何ごともみな〝如来のひとりばたらき〟、信心も与えてくださるのである、得させていただくのである、という受けとり方があります。これだけのことばをとりあげて、軽々に批判することはできないでしょうが、如来をたのむ（南無する）ということまで如来のこととして、みずからは手をこまねいて何もしないのは、絶対他力ではないでしょう。それでは、信心がほしい、いただきたいという思いのみあって、肝心の信が力となってはくださらないでしょう。

二　我の内に如来あり

吾人《ごじん》の根本的成立を自覚するもの、之《これ》を是《こ》れ宗教の信仰と云う。
（清沢満之「宗教は目前にあり」）

「どうすれば信心がいただけるのでしょうか」という、先のご婦人の問いに対して私は、まず、〝いただく〟ということばの意味を確かめました。いただくというのは、それを受用するのです。それは、如来の念力《ねんりき》が、我《われ》の信力《しんりき》となってくださることです。

私たちを愛し、私たちを信じ、私たちを敬してくださる如来の御心《おこころ》が、自身を尊び、如来に謝し、すべてを信じて、この人生をわたることを得しめるところの、私たちの信念となってくださることです。それを「絶対無限の妙用に乗託」する（清沢満之）と示され、また「一念発起して、弥陀をたのむ」（蓮如上人・取意）とも教えてくださっています。

そのあと私は、そのご婦人に「あなたは、字が書けますか」とお尋ねしました。「はい」ということでしたので、次のことを提案しました。

日頃、ご自分がもっとも親しんでおられる聖典のおことば、「和讃」とか『歎異抄』など、その中の一句を選んで、くりかえしくりかえし、百遍書くということです。まず書く、そして読む。また書く、そして読む。たとえば、

弥陀《みだ》の名号《みょうごう》となえつつ
信心まことにうるひとは
憶念《おくねん》の心《しん》つねにして
仏恩報《ぶっとんほう》ずるおもいあり

（「浄土和讃」・聖典四七八頁）

（「なむあみだぶつ、なむあみだぶつ」と、阿弥陀仏のみ名をとなえつつ、まことの信心をほんとうに獲《う》るひとは、如来をおもい念ずる心が、つねにたえることなく、いつも仏さまのご恩にむくい、おこたえしようというおもいがある）

これを書く、そして読む。三昧《さんまい》の心（まったく静かで動かぬ心）でというわけにはいかないにしても、一生懸命に書く。あれこれ考えずに、ただ書く、そして読む。百遍に至れば、また百遍と志をたてて新たに始める。そうしているうちに、なにかハッと気づくことがきっとあるにちがいない。

この書くこと読むことが行《ぎょう》です。これが、おのずから「弥陀の名号となえつつ……」の道理にかなうのです。これが、「始めに行あり」の行であり、信に先立つ行です。つまり、行なくして信なし。この行に就《つ》いて、信を獲るのです。

ここで私は、あらためて藤田ジャクリーンさんのことを想います。彼女は、十四歳のとき、フランス語訳の『歎異抄』となってパリに渡られた親鸞聖人の教えに遇い、お念仏にお遇いになりました。そのときのことをこう言っておられます。

小さいときからの「私って何でしょう」という問い、「ジャクリーンはどこから来ましたか。死んだらどこへ帰りますか」という問いを持ちながら、あるとき、仏教という言葉を初めて聞いた。そして、その仏教を求めて図書館に行った。広い図書館の、美しいたくさんの本のすみっこに、うすっぺらい黄色いボロボロの本が一冊。「ご縁と申しましょうか」、それを手にした。それに、親鸞、そして歎異抄と書いてあった。それを借りて帰って読んだ。

十四歳だから、わかるはずはない。でも、ひとこと、心に残った。それは「親鸞おじさんが、〝法然おじさんにだまされて、地獄におちても後悔しません〟という、その親鸞おじさんのひとこと」が、ずっと心に生きた。〝親鸞おじさんにだまされても後悔しません、ついてまいります〟という、そういう自分をはじめて見た。そして「〝ついていきます〟と、小さい声で心の底に申しましたときに、もうすでについてまいりましたですね。そのとき、たまわりました一生、それからジャクリーンという自分、はっきりと出あわせていただきました。一本の道になりました」と。

こうしてこのときから、大きくなったら親鸞さまのお国へ行こうと、二十歳になってその願いが実現するまでは、ひたすら日本への旅の準備の日々であったといいます。

その『歎異抄』の念仏、南無阿弥陀仏のお心を知りたいという思いから、ローマ字で、〝Namuamidabutsu・Namuamidabutsu〟と書いた。やがて後に漢字をおぼえて、〝南無阿弥陀仏、南無阿弥陀仏〟と書いた、と言われます。この書くという行為には、「書いてくださいね、書くことは、それがそのまま、お念仏を申すことですからね」という、如来の願いがはたらいているのでしょう。わかりたいという要求の内面深くには、「わかってくださいね、お念仏のわかる人になってくださいね」。「わかるということは、ほんとうの自分に遇うことですよ、人間の本来性にめざめることですよ」という、如来の願いがはたらいているのでしょう。

仏教とは、まず第一に自分を問題とする宗教です。それは、すでに釈尊の伝記、その出家の動機によって明らかなことです。あらゆる人間に共有の、普遍的な、そして根源的な問題を、この自己において問い、この私において問う。「自己とは何ぞや。是れ人世の根本的問題なり」（清沢満之『臘扇記』）です。そしてこの「自己は何か」「私は何か」と問う心が、道を求めて身を運ぶのです。

ところが、この、自己を求めて歩む自己探究の旅は、求めるものが、求められるものに、すでに待たれているという、不思議な旅なのです。ご自分を〝旅の人〟といわれるジャクリーンさんは、このようにおっしゃいます。

親鸞さまが、ジャクリーンを、フランスまで、迎えに来てくださいました。ですから、今こうして日本で、親鸞さまのみ教えにあわせていただいています。

「私は何か」と求めて『歎異抄』に遇う、親鸞聖人の教えに遇う。そこで聖人はおっしゃる、「たとい、法然聖人《ほうねんしょうにん》にすかされまいらせて、念仏して地獄におちたりとも、さらに後悔すべからずそうろう」と。するとそこに、「〝親鸞おじさんにだまされても後悔しません、ついてまいります〟という、そういう自分をはじめて見た」。そういう自分にはじめて遇った。「そのとき、たまわりました一生、それからジャクリーンという自分、はっきりと出あわせていただきました。一本の道になりました」と。

信心の源は、如来の本願です。愛憎するもの、苦悩するもの、迷惑するものである私たち人間、この人間を発見してくださった如来は、悲心から、たすけようと願いをおこし、いのちをかけて救済をご誓約くださった、その如来の御《おん》心《こころ》（本願）が、今ここに本願成就して信心と申します。信心は、如来のいのちをかけられた如来心です。だから、私たちの先達たちも、その全生命をなげうって信心を求められたのです。

宗教的信念を得ようとするには、まずはじめに、宗教以外の総《す》べての事々物々《じじぶつぶつ》を離れねばならぬ。……ただ一つ肝要なことは、心に、この世の一切の事物《じぶつ》を頼みにせず、一心専念に、絶対の如来に帰命することにある。

（清沢満之「宗教的信念の必須条件」取意）

私たちもまた、いのちをおしんでいたのでは、信心を獲ることはできません。そして、信心なくしては、いのちの真の充足はないのです。いのちをなげうっていのちを求める、「身命《しんみょう》をかえりみずして」（『歎異抄』第二条）いのちを求める、これが信を求めて身を運ぶということです。

死すべきものとして生まれ、死すべきものとして生きている、これが人間です。しかし、この、生死するものとしての私たちに、生死を超える道をたまわる、それが正信《しょうしん》念仏の白道です。生死の人生に死して、生死の無い（無生《むしょう》の）、新しい人生の始めをいただく、それが「死して生きる」信心なのです。信心とは、いつはじまったとも知れない生死の人生に、真の始めをひらく目覚めです。これが信の初一念《しょいちねん》（初心）なのです。

金子大榮先生は、『光輪鈔』に次のように述べておられます。まず、清沢満之先生の教えを示して、

満之先生は宗教とは有限と無限との対応であると道破《どうは》せられた。

と言い、それを承《う》けて、

有限より見れば無限は有限の外にあり、無限より見れば有限は無限の内にある。これは対応ということである。

と。私たち有限なるものから見れば、無限は、有限を超えて外にある。ちょうどそれは、この世を照らす月のように、はるか彼方にある。

その、夜空に輝く月を仰ぎ見る。「我《われ》、月を見る」。月を見る私たちの眼は有限ですから、この眼に見えるのは月のごく一部にすぎません。そして、心楽しく見るときは、月も笑って見えますが、涙に曇《くも》る心で見るときは月も泣いているようです。真如の月はかわるはずがないのに、かわらない月が、かわって見えます。

そこでこの「我、月を見る」という視座を転じて「月、我を見る」となるとき、そこには、月の光に照らされた私、月の光に摂《おさ》められた私が見いだされます。これは、所照《しょしょう》の自覚（光に照らされ、護られていることのめざめ）です。能《のう》照《しょう》（よく照らすはたらき）は、無限の光であり、その光が私たちにとどくところ、それが所照の自覚です。「無限より見れば有限は無限の内にある」。この無限より見るところの、無限の眼、それを有限にいただけば、有限の自覚の眼です。曽我量深先生は、「如来の内に我あり」と言われます。つまり、如来の内なる存在としての、自己の発見です。

私たちは、有限者（能力にかぎりあるもの）ですが、この有限であることに徹底するとき、有限のまま、そのまま無限に包まれ、無限の力を得ることとなります。有限の自覚、それは無限のはたらきとしての無限の智慧です。

無限は、無量（はかり知ることができないもの）ですから、この世界を超越するものです。しかし無限は、無辺（辺際のないもの）ですから、一切を包摂《ほうせつ》（摂取）するものです。しかも無限は、無碍（さまたげられることのないもの）ですから、一切に遍入《へんにゅう》して内在するもの（不捨）です。こうして私たちは、「月、我を見る」と月の光に照らされてみるとき、はるか彼方の月の光が、一粒一粒の葉末《はずえ》の露《つゆ》にも宿ることに気づくのです。これはすなわち、「我の内に如来あり」です。

我とは、煩悩の我・自我の我ですが、この有限の我の内に、無限の如来がおられます。これが信心なのです。

大信心《だいしんじん》はすなわちこれ仏性《ぶっしょう》なり。仏性はすなわちこれ如来なり。

（『教行信証』信巻所引『涅槃経』・聖典二二九頁）

この如来、微塵《みじん》世界にみちみちたまえり。すなわち、一切群生海《ぐんじょうかい》の心《しん》なり。この心に誓願《せいがん》を信楽《しんぎょう》するがゆえに、この信心すなわち仏性なり。仏性すなわち法性《ほっしょう》なり。

（『唯信鈔文意』・聖典五五四頁）

三　人間成就のはじめ

月かげのいたらぬさとはなけれども

ながむる人のこころにぞすむ

（法然上人の和歌『和語灯録』巻五所収）

人間の眼は、自分の眼を見ることができません。いろんなものを見ている眼ですが、この眼は、自分を見ることができないのです。自分自身を、直接に見るということはできないのです。このことからも明らかなように、人間の眼――人間からの視野に映るのは、限られた部分であり皮相にしかすぎないのです。

そこで私たちは、如来の眼によって見いだされてある人間、如来からの視座のなかにとらえられている人間を知ることができてはじめて、人間の全体像を知りうることとなるのです。だから、人間が人間であることの実相に目覚めるためには、この如来からの眼が何よりも大切なこととなるのです。

「月、我を見る」ということ、月の光に照護されてある我という所照の自覚から、月を仰ぐ。すると、そこに見開かれてくるのは、

我また、かの摂取《せっしゅ》の中にあれども、
煩悩《ぼんのう》、眼《まなこ》を障《さ》えて見たてまつらずといえども、
大悲倦《だいひ》《ものう》きことなく、常に我を照したまう
（「正信偈」・聖典二〇七頁）

という、法界《ほっかい》です。

この我もまた、阿弥陀仏の、摂取不捨（その光のなかに摂め取って、捨てられな

いこと）の中にある。けれども、わが煩悩が眼をさまたげて、阿弥陀仏を見ることができない。けれども、阿弥陀仏の大悲の御心《みこころ》は、ひとときも休むことなく、つねに我を照らし護ってくださるのである、と。

我からの眼は、煩悩によって視野の閉ざされた眼であるから、我のそのまま、ありのままの実相を見ることはできない。しかし、如来の大悲は、この、我を見ることのできない我を、つねに見護っていてくださるのである。

信心とは、無限の光―無限者《むげんしゃ》の大悲の智慧が、今ここに私たちに届いて自覚となる、この自己に目覚める自覚の智慧、これが信心です。したがって、人間とは何か、自己とは何かと問うことそのことが、実は私たち人間から出る問いではなくて、如来の御心（本願）に由来するものなのです。しかも、この問いを問いつくして、ついに明証《みょうしょう》（あきらかなこたえ）を得ることができるのも、如来の御心によるのです。まことに大悲の本願なくしては、信心の自覚、信心の智慧はありえないのです。

では、あらためて信心とは何か。親鸞聖人は端的に次のようにお教えくださいます。

「信」は、うたがいなきこころなり。（『唯信鈔文意』・聖典五四七頁）

如来の御《おん》ちかいをきて、うたがうこころのなきなり。（『一念多念文意』・聖典五三四頁）

如来の本願、真実にましますを、ふたごころなくふかく信じてうたがわざれば、信楽《しんぎょう》ともうすなり。（『尊号真像銘文』・聖典五一二頁）

すでに聖人は、「信心は※仏性である、仏性は如来である」（『涅槃経』取意）とお教えくださいました。

※仏性とは、仏のさとりそのもの。また仏になるものを仏性という。

また、「全世界の、いのちのあるすべてのものに遍満《へんまん》する如来心《にょらいしん》」（『唯信鈔文意』取意）とお示しくださいました。そして今「本願に疑いのない心」「本願を、二心なく深く信ずる心」と申されます。重ねていえば「ふたごころなくうたがいなし」（『尊号真像銘文』）です。

だから、信心は「一心《いっしん》」（ひとつこころ）です。また「一念」（ひとおもい）です。ここに「一」とあるのは、一二三の一、相対的な一ではなくて、これは絶対の一、普遍の一です。つまり一は真実をあらわします。一心は、すなわち真実心です。そして「真実とは、如来」（『涅槃経』取意）ですから、一心は、すなわち如来心なのです。如来と一味の心、一如の心、これが信心なのです。すなわち、如来の本願（如来心）が、人間に成就して信心なのです。本願とは、如来になれと呼びかけて、如来にならしめる心。如来に帰れと呼びかえして、如来に帰らしめる心。そして信心は、如来の本願に呼応して、如来になる心、如来に帰る心です。

さて、古来、信心は、理をつくし情をつくして、いろいろなことばをもって表現されています。聖人もまた、その仏教の伝統をお承けになって、懇《ねんご》ろにお教えくださいました。そこで、ここには、その中のいくつかを選んで列挙することにします。

一、金剛心《こんごうしん》。

(1)信心は、ダイヤモンドのように堅固な心である。

「やぶれず、かたぶかず、みだれぬこと、金剛のごとくなるがゆえに」

(『唯信鈔文意』・聖典五四九頁)

(2)信心は、ダイヤモンドのように澄浄《ちょうじょう》な心である。

「「金剛」と言うは、すなわちこれ無漏《むろ》の体《たい》なり(煩悩のけがれのまったくないものである)」

(『観経疏』定善義・聖典二三五頁)

二、大菩提心《だいぼだいしん》。

(1)「衆生をして無上涅槃《むじょうねはん》にいたらしむる心《しん》なり。(中略)大慈《だいじ》大悲心なり」

(『唯信鈔文意』・聖典五五五頁)

(2)願作仏心《がんさぶっしん》。「仏にならんとねがうともうすこころなり」

(同前)

(3)度衆生心《どしゅじょうしん》。「衆生をして生死《しょうじ》の大海《だいかい》をわたすこころなり」

(同前)

三、専心《せんしん》。「「専」は、一ということばなり。もっぱらというは、ふたごころなかれとなり。ともかくもうつるこころなきを「専」というなり」

（同前）

四、深信《じんしん》。「深く信ずる心」

⑴「決定《けつじょう》して自身を深信する」

深く自己を信ずる心。

（『愚禿鈔』・聖典四四〇頁）

⑵「決定してかの願力に乗じて深信する」

深く如来を信ずる心。

（同前）

五、相続心《そうぞくしん》。持続して、たえまのない心。

六、淳心《じゅんしん》。純朴で、あつい心。

七、憶念《おくねん》。「うたがいなきゆえに、本願をつねにおもいいずるこころのたえぬをいうなり」

（『唯信鈔文意』・聖典五五一頁）

八、大慶《だいきょう》喜《き》心《しん》。「慶は、よろこぶという。信心をえてのちによろこぶなり。喜は、こころのうちに、よろこぶこころたえずして、つねなるをいう。うべきことをえてのちに、みにも、こころにも、よろこぶこころなり」（同前・聖典五五五頁）

九、歓喜《かんぎ》。「「歓」は、みをよろこばしむるなり。「喜」は、こころによろこばしむるなり。うべきことをえてんずと、かねてさきよりよろこぶこころなり」（『一念多念文意』・聖典五三四頁）

十、分陀利華《ふんだりけ》。プンダリーカ（白蓮華）の花のように、清らかな人、無垢な人、よき人、まれな人。

浄土真宗の眼目は、如来の本願成就です。それは、如来のまことを信心として、私たち人間にたまわることとです。如来の本願力《ほんがんりき》の回向成就（如来のまことを与えてくださるはたらきの成就）、それが「信心歓喜」です。そして、その如来心が、信心として、私たちの煩悩を内から破って開発《かいほつ》するときのきわまりを「一念」（ひとおもい）といいます。この信の一念が確立するとき、この人は、プンダリーカの花のような人といわれ、如来と等しいともいわれるのです。

信心よろこぶそのひとを
如来とひとしとときたまう
大信心は仏性なり
仏性すなわち如来なり

（「浄土和讃」・聖典四八七頁）

こうしてここに、如来になる人が、もはやすでに如来と等しいといわれます。すなわち、煩悩成就（あらゆる欲望のすべてがそなわっている）の私たちに、如来の本願が成就して、この信の一念に、人間成就のはじめをいただくのです。私たち人間の煩悩成就、それは如来の本願成就、これが真の人間成就なのです。

人間は生死するもの、迷いにあるものです。しかも人間は、仏になるもの、さとりに向かうものです。迷いあるがゆえに喜びあり、悲しみあるがゆえに喜びあり、煩悩あるがゆえに菩提あり、これが、信の心境、人間成就のすがたです。

この人間成就の名のり、それが南無阿弥陀仏なのです。

十方衆生よ（すべての人びとよ）、念仏の人となりたまえ。

汝《なんじ》、念仏する人びとよ、汝の名は南無阿弥陀仏である。

この本願に呼応して、南無阿弥陀仏と名のってこの世を生きる人間が誕生いたします。私たち人間の名前には、AがありBがあり、その名の数は人間の数だけありますが、如来は等しくすべての人間に〝南無阿弥陀仏〟と呼びかけて、すべての人間の名は等しく〝南無阿弥陀仏〟であるという、そういう世界（法界）を与えてくださったのです。

だから、この念仏によって念仏に目覚める信心は、ただ南無阿弥陀仏のみに満足するのです。南無阿弥陀仏ひとつに身も心も安住し、決定するのです。

したがって、もし私たちに信心がないならば、如来に本願あり、念仏ありといいましても、それはないに等しいものといわなければなりません。救いを求めるといい、さとりを得るというのも、あるいは差別と動乱の人生をあとにして浄土へ往く（往相）といい、浄土からふたたびこの世界に還って人びとを導く（還相）というのも、もし信心を欠くならば、すべてみな観念であり、絵に描いた餅であって、腹ふくれるということはないのです。

仏教は、従来、教―行―証の三法《さんぼう》をもって、教えの内容が示されてきました。教とは、教主《きょうしゅ》・釈尊の教え、行とは、その教えによって示される実践、そして証とは、その結果としてのさとりです。

聖道（自力）の教えにおきましては、この教↓行↓証の順序・次第のとおり、教と行のあと、ただちに証をかかげるのです。ところが親鸞聖人は、この教行証の伝統によりながら、特に「信」を重んじられました。そしてそれを、教―行―信―証とお示しになりました。すなわち、信をとおして証をあらわす、これが仏教の正しい伝統である、これが本願他力の教えである、と明らかにされたのです。

言うまでもなく仏教は、仏陀・釈迦の教えです。しかし、その教えを、どのように受け取るか、これが問題です。教行証にしましても、これまでは、まず、教えによって説かれる真理の法を信じ、その信解《しんげ》（信じて理解するところ）によって、教えを行じ、行の結果として証を求める、とされてきました。

ここでは、第一に釈迦の説かれる教えの深い真理を、正しく理解することが要求されます。さらにまた、その教えを自ら誤りなく、徹底して実践することが必要です。したがって、これは能力のある選ばれた人（聖者）のみが歩むことのできる道です。

しかし、親鸞聖人は、万人に開かれた大乗の仏教―その真宗の教えの根本は、釈迦が阿弥陀の本願を説かれるところにある、と明らかにしてくださいました。そして、その本願念仏の実践は、インド・中国・日本にわたる三国の、仏教の歴史として、すでに私たちに与えられている。ですから問題は、この仏道の歩み（大行の歴史）を、いかに信受するのであるか、ただこのことこそ肝要である。証《しょう》は信《しん》（因）の結果として、必ず実現する。だから問題は、「ただ信心を要《よう》とす」（『歎異抄』第一条）である、と。

重ねて申しますと、教と行は、ただ念仏の歴史として、すでに与えられているのです。しかし、久遠《くおん》の昔《いにしえ》より今日にいたるまで、流転を重ねてきている私たちの迷い（はからい）は深い。だから、ただ念仏の道がまことであると教えられても、素直にそれを信受できないのです。まことに本願念仏のおみのりは、私たち人間には、

信楽受持《しんぎょうじゅじ》すること、はなはだもって難《かた》し。難《なん》の中の難、これに過ぎたるはなし。（「正信偈」・聖典二〇五頁）

なぜか。「邪見《じゃけん》と憍慢《きょうまん》の悪」（同前）ゆえです。私たちのはからいは、あるときは如来の正見《しょうけん》に歯向かって邪《よこしま》の思想・邪の主義を主張し、あるときは如来大悲の智慧を無視して自分を見失い憍慢となる。この、如来に背くところの悪、これが難信《なんしん》なのです。これが極難信《ごくなんしん》です。

一般に宗教を信ずるという場合、教えを信ずることは易しくても、それを実行することは難く、したがって、証《さと》りをうることは、さらに難いといいます。実は、それが、聖道の仏教を支える基盤であり、自力の有効性を疑わない人間の常識です。

しかし、私たちにとっての問題は、真実の顕彰《けんしょう》(まことがあきらかになり実現されること)です。まことの教え、まことの行い、まことの心、まことの証り、です。そこに立って親鸞聖人は次のようにおっしゃいます。

無上妙果《むじょうみょうか》の成じがたきにあらず、真実の信楽実《しんぎょうまこと》に獲《う》ること難《かた》し。

(『教信行証』信巻・聖典二一一頁)

(この上なき妙《たえ》なるさとりは実現しがたいというのではない。まことの信心をほんとうに獲るということが困難なのである)

それは、どうしてでしょうか。すなわち、他力の信心は、自力の絶対否定であるから、自力無効の自覚であるからです。念仏の信心は、本願力の回向成就であるから、如来よりたまわる大悲の智慧であるからです。

如来の加威力《かいりき》に由《よ》るがゆえなり。　（同前）

（信心は、果上の如来の、すぐれた力によるものだから）

大悲広慧《だいひこうえ》の力に因《よ》るがゆえなり。　（同前）

（信心は、因位の如来の、大悲の智慧の力によるものだから）

このように考えていきますと、獲難《えがた》き信心を獲るということは、私たち衆生からいえば、「遇《たまたま》」の偶然であり、むしろ生死流転こそ、私たちにとっては必然であると言わなければなりません。

久遠劫《くおんごう》よりいままで流転《るてん》せる苦悩の旧里《きゅうり》はすてがたく、いまだうまれざる安養《あんにょう》の浄土はこいしからず　（『歎異抄』第九条・聖典六三〇頁）

（遠い昔から今まで、迷いつづけてきた苦悩のふるさとは捨てがたく、まだ生まれたことのない阿弥陀の世界〈身心ともに安らかな浄土〉は恋しくはない……）

ところが、如来からの眼でもって見られるとき、衆生の迷いは、偶然に始まったものといわれます。すなわち、

忽念念起《こつねんねんき》、名づけて無明《むみょう》とする。　（『起信論』）

（いつとも知れず、たまたま、忽然としておこったおもい、それが無明・無知である）

そして、衆生の本来性は、仏陀性（仏性）であって、仏陀になる（成仏する）ということこそ必然的であると、このように教えられるのです。

四　如来より誕生する

かつて親鸞聖人の七百回御遠忌がお勤まりになったとき、比叡山ホテル（当時）において※記念の講演会がございました。鈴木大拙・曽我量深・金子大榮の先生方によるものですが、そのときの曽我先生のご講題が「信に死し　願に

生きよ」というものでした。

当時、私はまだ学生でしたが、ご法要には雑役係として参加させていただきました。そして、この講演会も直接、感銘深く拝聴させていただくことができました。と申しましても、感動しましたのは、その会場に漂う厳《おごそ》かな、しかも華やかな雰囲気であり、一時にそろって三人の先生方のお姿に接することができたという喜びによるもので、肝心のお話の内容はわからないまま、会は終わりました。しかし、曽我先生の「信に死し　願に生きよ」というおことばは、以来、忘れることのできないことばとして生きています。

※この講演会の筆録は、三先生の鼎談《ていだん》（司会は西谷啓治先生）を加えて、『親鸞の世界』（東本願寺出版）として発行されている。

さて「信心」とは何か。『教行信証』信巻《しんのまき》をみますと、そのはじめに、

※至心信楽の願《ししんしんぎょうがん》　　（聖典二一〇頁）

※至心は、如来のまこと・真実。信楽は、信心。ふたごころなく、うたがいの

ない心。念仏往生という大事業をはたしとげようとして、おこしてくださった第十八の本願。これを親鸞聖人は、「至心信楽の願」と名づけて、信心の本願―まことの信心の根源というべき本願と教えてくださった。

（同前）

とあります。まことの信心は、まことの信心の本願（第十八願）にもとづく、ということです。そして、その下に、

※正定聚《しょうじょうじゅ》の機《き》

※正定は、正しい決定ということで、成仏が正しく決定していること。聚は、ともがら、人びとのあつまり。機は、仏となる人。

とお述べになっています。これは、如来になる人は、如来の本願より誕生するということです。真の人間成就、それは如来の本願成就です。

如来の本願（如来のまこと）が、人間に成就して、信心（まことのこころ）と申します。この信心《まことのこころ》をうるとき、人間は、すなわち真《まこと》の人間に誕生します。

したがって、この人間は、もはやこれまでの人間と同質のものではありませ

ん。これまでと訣別し、これまでに死して生まれ出た新しい人間、真に新しい人生を生きる人間です。

だから、ここでいうところの信心は、まず人間がいて、その人間が、神や仏を対象として信ずるという、そういう信心ではありません。信の人とは、人間が、もとの心をそのままにして、その心で何かを信ずるということではありません。もとの心（自力をたのむ心）をひるがえして、自分の真の立脚地を確立すること、真の主体性を獲得すること、これが信の人なのです。

人のどこかに信というものがあるのではありません。重ねて申しますと、信とは真《しん》の人の心なのです。これを、信とは人をして真の人たらしめる心である、ということもできるでしょう。如来の本願より生じた信、その信が本願成就であり、その本願成就が人間成就ですから、信そのままが人《にん》です。信すなわち真の人《ひと》、人すなわち信の心なのです。

この信と人の関係を『歎異抄』によってみますと、次のようにあります。

他力をたのみたてまつる悪人、もっとも往生の正因《しょういん》なり。
（第三条・聖典六二八頁）

（他力を信ずる悪人は、もっともすぐれた往生の正因である――まさしく浄土に生まれるべき因位の人である）

これを従来、※悪人正機《しょうき》の教えといいますが、原文には、「悪人――正因」とあって、人が因である、他力をたのむ悪人こそ因位の人である、と言われるのです。

※「悪人正機の教え」とは、自分こそ悪人であると、自身にめざめ、他力をたのむ悪人が、如来の救いにあずかる正機である、という教え。「正因」とは、正しいたね、果になる因。仏のさとりを果の位《くらい》とすれば、仏になる位を因の位、「因位」という。

今ここに信心は、「自力のこころをひるがえして（回心《えしん》して）、他力をたのむ（本願に帰す）」ことと示されますが、第三条によりつつこれを確認しますと、次のように理解することができるかと思います。

　他力をたのむ心――悪人の自覚

　自覚の信心――往生の正因

　正　因――正　機

　正　機――正定聚の機

もとより、「弥陀の本願には老少善悪のひとをえらばれず」（『歎異抄』第一条）です。だから、如来の純粋なる本願には、善人・悪人のへだてがあるはずはありません。それにもかかわらず「善人なおもて往生をとぐ、いわんや悪人をや」といわれるのは、どうしてなのか。おそらくそれは、如来の大悲方便の御心《おんこころ》から出たことばでしょう。

善・悪は、私たち人間の問題です。私たち人間に、最も深刻な問題として、善・悪があるのです。しかし、如来大悲の智慧をもって照らされるとき、人間に善人と悪人とがあるのではない、如来に背く悪〈邪見と憍慢〉こそ、いわゆる善人の正体であると露わにして、悪の自覚をうながしてくださるのでしょう。そしてこの悪の自覚をもって成仏の契機とする、これが悪人正機の教えであろうと思います。

こうしてここに、悪―すなわち難信の理由が、そのまま、獲信《ぎゃくしん》の理由とされていく、まことに本願不可思議《ふかしぎ》のおみのりです。

必得超絶去《ひっとくちょうぜっこ》　往生安養国《おうじょうあんにょうこく》（『大無量寿経』下巻・聖典五七頁）

（必ず超絶して去ることを得て、安養国に往生せよ）

生死するものとしての私たち人間は、死すべきものであるというさだめから逃れることはできません。「煩悩具足のわれら」は、いかにしても生死をはなれることができないというきずなにとらえられています。それゆえに如来は、私たち人間に、その大悲の心から死を命じてくださったのです。「生死するいのちを棄《す》てて、真《まこと》のいのち（本願）に生きよ。死して、生きよ」と。

この死生《しせい》にかかわることについて、金子大榮先生から、こういうことを承ったことがあります。あるとき金子先生が曽我量深先生に、「死んだほうがいい」と発言されたところ、それに対して曽我先生は「私はそんなんじゃない、私は死のうと思うことがある。死んだほうがいいなんていうのは概念だ」とおっしゃったということです。

死んだほうがいいというのは、ひとつの願いです。しかし、それを概念だ、観念だと否定されるのは、その願望が、いわゆる欲望であって、願いの実践を伴わないということ、つまり実践的でないということでしょうか。死にたい、死んだほうがいいと思っている人は、そう思いながら、これまでとかわることなく、生きているわけです。死にたいといいながら、これまでのままを生きています。それを観念だと否定して死のうと思うのは、これまでの生をひるがえして、生きようとする意欲の表れではないでしょうか。それは、生死の人生に現れる心ですが、生死の人生を超えたところから出る心である、と申すべきでしょう。

死んだほうがいい、死にたいという思いは、生きたいという思いを常に伴っている、それは生死するいのちの思いである。それに対して、死のうというのは、その中に生きようとする意欲を孕んでいる。それは生死を超えていくいのちの思いである。私たち人間の思いの中に、この思いを突破してあらわれる思いがはたらいている。それが、今死のうと思うといわれるのでしょう。

仏教によれば、意志・意欲は、意業です。思うということそのことが、行為であり実践です。したがって、願は必ず行ずるものです。私たち人間に生死をもたらす意―業、それは惑《わく》（煩悩）―業《ごう》です。そして、この生死を超えさせるもの、それを如来の願《がん》―行《ぎょう》といいます。

あの記念講演会から数年あとのことです。私は「信に死し　願に生きよ」というおことばを書いてくださいと、曽我先生にお願いしました。しばらくして「書けたから、取りにくるように」ということで、東山今熊野《ひがしやまいまくまの》の先生宅にまいりました。その、お見せいただいた書には、「信に死し　願に生きん」とあるではありませんか。一瞬〝これはちがう〟という思いが走りました。しかし、先生が、そこにいらっしゃるのです。先生は、願に生きよという呼びかけに、願に生きんと応答しておられるのです。そこに感応道交する踊躍のひびきがある。それを私は、咄嗟の間に感じ取ることができなかったのです。

この願に生きんとする意欲は願生《がんしょう》の心です。願往生《がんおうじょう》の心です。これを『大無量寿経』には「必得超絶去《ひっとくちょうぜっこ》　往生安養国《おうじょうあんにょうこく》」と、簡潔に、わずか十文字でもってお示しくださいました。

はじめの「必」は、最後の「国」とひびきあっています。

必はかならずという。かならずというはさだまりぬというこころなり。また自然《じねん》というこころなり。（『尊号真銘像文』・聖典五一四頁）

その国から、他国にさまよう私たちに呼びかけ、呼びかえしてくださる如来の、本願の力が、私たちに成就して、必ずとなる。その国は安養国、身も心も安らかに養われはぐくまれる安楽浄土です。その国を、必ず得る。得るのは、生まれて得る、生きることを得る。その国に生まれて、その国に生きることを得る。必得《ひつとく》―得生《とくしょう》―生国《しょうこく》です。

ところが、その得と生の間には、超《ちょう》、絶《ぜつ》、去《こ》、往《おう》の、四文字で示される重要な問題があるのです。それは、何か。

超はこえてという。絶はたちてはなる、という。去はすつという、ゆくという、さるというなり。娑婆《しゃば》世界をたちすてて、流転生死《るてんしょうじ》をこえはなれてゆきさるというなり。（同前）

すなわち往生（往き、生まれ、生きる）ということは、この世の生《いのち》の延長上に、同質の生が与えられるということではない。超・絶・去は、往生が真実に成就するための前提として必須の要件です。生死を超えるとは、生死をたつ（断絶）ことです。これを捨てる、離れる、とも言ってあります。すなわちこれが、死してなのです。

かならず超絶して去ることを得て……信に死し

安養国に往生せよ………………願に生きよ

「信に死し　願に生きよ」、これは如来の本願の呼びかけです。悲心招喚の声です。その本願成就の信心が、「信に死し　願に生きん」と、本願に呼応するのです。その志願を、天親菩薩は『願生偈《がんしょうげ》』の冒頭に、次のように表白《ひょうびゃく》されました。

世尊《せそん》、我《われ》一心に、尽十方無碍光《じんじっぽうむげこう》如来に帰命して、安楽国《あんらくこく》に生まれんと願ず。(世尊我一心　帰命尽十方　無碍光如来　願生安楽国)　(聖典一三五頁)

このおことばを、親鸞聖人の教えによりつつ、拝読いたしますと、まず我とは何か、わが身である。わが身は何か、一心《いっしん》である。一心とは、まことの信心、「ふたごころなくうたがいなし」である。その一心は帰命である。帰命は南無である。南無は、如来の勅命(絶対無条件の命令)にしたがうことである。その如来は、尽十方無碍の光如来(ひかりの如来)、すなわち阿弥陀仏である。

こうして、一心の内容は南無阿弥陀仏である。南無は、自我崩壊の響《ひびき》、旧人生の墓、すなわち死〈超・絶・去〉。阿弥陀仏は、自我誕生の産声、新人生の母、すなわち生〈去・往・生〉。

この一心は、如来の本願の成就である。すなわち如来の願心が菩薩の一心となる、そのとき、願は菩薩の主体となって、新人生を歩む。願生の道である。願に生きんとする願生者が誕生する。願生者は、我《われ》である、我は、わが身である。

生活の章

一　真宗の生活

いよいよ最後の「生活」です。この私たちにたまわる真宗の「生活」とは何か。親鸞聖人の教えによって開かれる生活は、いったいどのようなものか。端的に、一言で申しますと、伝統的な古いことばですが、それは「往生」です。往生という生活、それが真宗の生活です。ことばをそえれば、念仏往生であり、往生浄土です。まことの生活は、何よりもまず身みずから、ただ念仏して、如来の浄土に往生するものとなること。本願を信じ、念仏を申して、往生生活を完結し、仏になること。仏の大慈大悲心をもって人びとを救ってくださる南無阿弥陀仏の大道を、この人生のただ中に、私たちの道としていただいて、動乱の濁世《じょくせ》を超え過ぎて、わが身みずから、本願のまことを証《あかし》するものとなること。これが真宗の生活です。

したがって、浄土真宗の眼目である本願成就とは、つぶさには念仏往生の本願の成就（第十八願の成就）なのです。

如来は、私たち人間に二つの世界を与えてくださいます。

その一つは、今私たちが生存しているところの、この現世です。人間として生まれてきて、人間として生きつつあるところの、この世界です。さらに一つは、私たちが新しく生まれて往くところの後世です。そこは、私たちの人間業を完全に燃焼して、人間成就を果たし遂げさせてくださるところの彼岸の世界です。

この現世は、虚仮の世界であり、無常の娑婆であり、不実の穢土です。

ここでは、人間相互に自由を主張しあうことによって平等を破壊し、平等に執着することによって結局は、相互に束縛しあい不自由に趣《おもむ》きます。ここは、平和という美しいことばのベールの中に、猜疑《さいぎ》や不信や、憎しみや瞋《いか》りを隠しもつ煩悩の坩堝《るつぼ》です。ここは、権力と屈従《くつじゅう》、愛欲や名利《みょうり》、有財《うざい》と貧窮《びんぐ》、悪魔や善魔《ぜんま》、地獄・餓鬼《がき》・畜生《ちくしょう》の盈満《ようまん》する濁悪処《じょくあくしょ》。ここは魔郷です。

まことにこの痛ましい黒闇、深重《じんじゅう》の業報《ごうほう》。

この闇に蠢く衆生を発見してくださったとき、如来は、その「悲《ひ》」を契機として、その悲《かなしみ》の心から、真実の国家・清浄の国土を建立しようという、一大事業を企《くわだ》てられたのです。そこに、浄土を建立するという如来の誓願が、その活動を開始してくだったのです。それが、念仏往生の本願です。

すなわち如来は、私たちに死を命じられたのです。〝死して、来《きた》れ〟とまず死を命じられたのは、そこに真実の生を与えようとするためです。〝南無〟と、穢土に訣別し、そして浄土の国民となりたまえ、阿弥陀仏国の人民となりたまえ、と。つまり、阿弥陀になれと誓願されたのです。

善導大師の「二河の譬喩」には、その如来の招喚が、「汝《なんじ》一心に正念《しょうねん》にして直《ただ》ちに来《きた》れ、我よく汝を護らん。すべて水火の難に堕《だ》せんことを畏《おそ》れざれ」（聖典二二〇）と示されてあります。

この一心を、天親菩薩の『願生偈』にてらしてみますと、まずその冒頭に、世尊《せそん》、我《われ》一心に、尽十方無碍光《じんじっぽうむげこう》如来に帰命して、安楽国に生まれんと願ず。
（聖典一三五頁）

とあります。これを原漢文によってみますと、

世尊、我―一心―帰命―尽十方無碍光如来、願生―安楽国

となります。まずもって我とは何か。これを親鸞聖人は、わが身であるとお示しになりました。この「わが身は一心に」とおっしゃいます。一心とは、わが身にみちみつる如来の真実《まこと》です。一心の内容は、まず帰命、南無です。尽十方無碍光如来は、阿弥陀仏です。すなわち、一心とは、南無阿弥陀仏なのです。如来の本願が菩薩に成就して一心といいます。この信心は本願より生起するのですから、この信心には願心《がんしん》が包まれています。すなわち、この願心―願生心―願往生心、これが新しい人生を歩む菩薩の真の主体なのです。

わが身は、闇の業報の身、罪悪生死の有漏《うろ》（煩悩）の穢身《えしん》、この人生をして穢土たらしめる現身《うつせみ》ですが、一心は、貪欲《とんよく》の水の河《かわ》・瞋恚《しんに》の火の河のただ中に

顕現する如来の心、清浄なる願往生・無漏《むろ》（煩悩のけがれをとどめぬ）の真心《しんしん》です。それゆえに、曽我量深先生は「往生は心にあり、成仏は身にあり」と示され、

往生は心に在《あ》るがゆえに現生《げんしょう》に決得《けっとく》し　成仏は身に在るが故にその証悟《しょうご》は浄土に在り

とお教えくださったのです。

さて、

独立者は、常に生死巌頭《がんとう》に立在すべきなり。（「絶対他力の大道」）

これは清沢満之先生のおことばですが、かつて生死の苦海《くかい》を真に苦海であると自覚することができなかった私は、このことばに、強く心をひかれるものを感じつつも、またこのことばに、心のたじろぐおもいをとどめることができませんでした。しかし、今にしておもえば、真の宗教生活とは、この生死の巌頭から、〝南無〟と、百尺竿頭《かんとう》さらに一歩を進めることであり、これを〝死し

て、生きん〟と教えられるのでしょう。まさに「すでにこの道あり。必ず度《ど》すべし」です。

善導大師が、その「二河の譬喩」をもって教えてくださいますように、人生における行方《ゆくえ》の選択は、生か死かではありません。この世に生まれたということは、死すべきものとして生まれてきたのであって、生者必滅はこの世の道理ですから、私たちに可能な選択は、「人生いかに死すべきか」です。

我今回《かえ》らばまた死せん、住《とど》まらばまた死せん、去《ゆ》かばまた死せん。

（『教行信証』信巻・聖典二一九頁）

ここに、旅人、すなわち行者は、死か・または死か・あるいは死かと、いわゆる三定死《さんじょうし》、文字どおりの絶体絶命、生死する人生の極限に立って、しかもここに停まることなく、

一種として死を勉《まぬか》れざれば、我寧《やす》くこの道を尋ねて前《さき》に向こうて去《ゆ》かん。すでにこの道あり。必ず度《ど》すべし

（同前・聖典二二〇頁）

と決断します。

すでに如来は、罪悪生死の人間業・破局の危機に立つ三定死（すなわち絶対死）を、ご自身に荷負し、その身みずからをもって願往生の道となさしめられたのです。それが、如来大悲の現実世界の表現であり、その道が、大願業力《だいがんごうりき》の白道―南無阿弥陀仏の大道なのです。

したがって、三定死における旅人の決断は、もとより人間の自力をもってなされる選択ではありません。すでに〝死して、生きよ〟と命じられた如来の願力が、今、行者をして「一種不勉死者」と、前面の死に向かって決断せしめられたのです。

ここにおいて私たちは今、いかにしても離れがたい、濁浪滔滔《だくろうとうとう》の闇黒世裡《あんこくせり》のただ中に、超世に無碍に開かれたこの大道をわが道とし、ここに初めて真に新しい人生をたまわって、真実の国土に往生するものとなる、これが真宗の生活である、と教えてくださるのです。

二　南無する人

新春も早々の一月二日、お同行の一人がお亡くなりになりました。高齢ではありましたが、日頃はずいぶんお元気でしたから、ご家族も、また周囲の人びとも、その突然の逝去を驚くとともに、いわゆる松の内のできごとであり、いささかうろたえぎみの態《てい》でした。しかし当のご本人は、この日のあることをすでに予期し覚悟しておられたのでした。

お知らせをうけて参りますと、枕元には、遺体とともに「棺《ひつぎ》に入れるべきもの」と認《したた》められたものが用意されていて、その一番上には、帰敬式《ききょうしき》を受けていただかれた「法名《ほうみょう》」が置かれていました。

この世に生を受け、この世を生きるものとしての俗名《ぞくみょう》とともに、私たち真宗門徒には、仏弟子として「釈」氏を名告る法名が与えられますが、法名とは、この身を俗世に置くものでありながら、心はすでに如来の浄土にあるものであるという念仏の生活者の名前です。

その往生の素懐《そかい》をとげて浄土に還られたお姿を拝しながら、私は、往生の産《うぶ》着《ぎ》のことを思っていました。この世に生を受けたときの産着は、親の手によって用意されたものですが、新しい彼岸の浄土へ誕生して往くときの産着は、その人自身によってあらかじめ準備される、それが真宗門徒の心得というものであって、それが平生業成《へいぜいごうじょう》、現生《げんしょう》不退《ふたい》の信心の証《あかし》―、その自証《じしょう》の表現なのです。

この往生の産着のことで想い出されるのは、詩人の松永伍一《ごいち》さんのお母さまのことです。篤信の念仏者だったそうですが、そのお母さまがお亡くなりになったあと、お内仏の引き出しを見ると、そこには、辞世の歌と共に往生の産着がしまわれていたといいます。浄土往生の産着は、白無垢《しろむく》の着物―、それは〝南無阿弥陀仏〟の衣《ころも》です。その白衣は、赤裸々の無邪思の心、浄らかな念仏の心の象徴です。

この肉体は、有漏（煩悩）の穢身ですが、念仏の心が、この世の人生、この世を生きた穢身を完全燃焼して、往生の素懐をとげ、今やまさに、永遠《とわ》の世界・如来の浄土に旅立ちしたということのしるし――、それが無垢の産着です。したがって、その白衣の白は、黒白《こくびゃく》の相対を超えたところ、すなわち純白であり、その浄衣の浄は、この世での浄穢《じょうえ》の対立を超えたところの絶対浄です。それは善悪の彼岸としての最上善、苦楽のないところとしての究極楽《きゅうきょくらく》（極《ごく》楽《らく》）、業火《ごうか》の燃えつきた真実の平和、すなわち無上の涅槃です。

そして、そのとき私は、法名と産着のことを思いつつ、あわせてまた、次のような親鸞聖人のお手紙を思いおこしていました。

なによりも、こぞことし、老少男女《なんにょ》おおくのひとびとのしにあいて候うらんことこそ、あわれにそうらえ。ただし、生死無常のことわり、くわしく如来のときおかせおわしましてそうろううえは、おどろきおぼしめすべからずそうろう。まず、善信《ぜんしん》（親鸞聖人のこと）が身には、臨終の善悪をばもうさず、信心決定《けつじょう》のひとは、うたがいなければ、正定聚《しょうじょうじゅ》に住することにて候うなり。さればこそ、愚痴無智のひともおわりもめでたく候え。

（『末燈鈔』・真宗聖典六〇三頁）

ことに「おわりも」とあるのは、すでに平素、平常のめでたさが、おわりもまためでたいものとして、完結し完成するのであるということ、それが真宗の、念仏行者の生活であるということです。金子大榮先生は、そのご晩年、常々「私が死ねば、めでたいのだから、悲しまないで、赤飯をたいて祝うてくれ」とおっしゃいましたが、お若いころから「人生、いかに死すべきか」と問いつつ、ついに親鸞聖人の教えによって、念仏往生こそその死であり、その死こそ真実の人生を開く契機であるとさとられたお方らしいおことばであるといわねばなりません。

この産着について、今ひとつ思いだされることがあります。

それは大谷専修《せんしゅう》学院の学院長を長くおつとめになった信國淳《のぶくにあつし》先生（一九〇四〜一九八〇）が、病床につかれたときのことです。お見舞いに来られた藤田ジャクリーンさんに、先生が、〝南無阿弥陀仏〟とお名号を刺繍《ししゅう》してほしいとおっしゃった。それも、青色だったか緑色だったか忘れましたが、色を指定してのご所望だった。ところがジャクリーンさんが十四歳のとき、はじめて親鸞聖人にお遇いしたそのときから、ずっと持ちつづけていた糸の中には、その色がなかった。もちろん糸は買う気になれば、どんな色でもありますが、それをしないで、手元の糸で刺繍をして差し上げたといいます。そして、「先生、南無阿弥陀仏の産着ができました」と。

　金子大榮先生のおことばに、次のようにあります。

　親鸞に於《おい》て明説せられてあるものは※一如の実相であって、万有《ばんう》の本体というようなものではない。しかれば、青を知りて青さを見ないものは、青の実体に執えられて青さの実相を知らないものといわねばならぬのであろう。　（『光輪鈔』）

※一如とは、もののありのままのすがた。真実で永遠に不変なもの。実相・真

如などと同じ意味。

このようにおっしゃるには、かつてこういうことがあったのです。それは赤松麟《りんさく》作画伯と箱根でお会いになったとき、初夏の青草をみて画伯が言われました。

素人は、青草を画くには青い絵具でなくてはならぬと思うている。それは青をみて青さを見ないからである。されどその青さを画こうとするものには、墨絵でなくてはならないものがある。

それで、金子先生は「そうだ、そのさこそ如である。そのさは色にのみあるのではない。すべての見るものにも聞くものにも、あるのである。そして、そのさこそ、ものみなの実相であり、真如である」と、このようにおっしゃるのです。

やはりジャクリーンさんもまた、その色の実体に執われないで、信國先生のご希望に、青さでもってお応《こた》えになりました。そして先生は、そのお念仏の白衣を身につけられて、お浄土へお還りになったのです。

しかし、このようなすがすがしい信心の生活が、この人生の現実として成就することは、決して易しいことではありません。それは、この私が、どこまでも邪見であり憍慢であるからです。自分の無智であること、無能であることの自覚が徹底しないからです。

かつて、こういうことがありました。ある法座で、六十歳をすでに過ぎておられるお方が、講師の先生に次のようにお尋ねになりました。

私の両親は、たいへんな法義者で、お寺まいりを欠かしたことがありませんでした。ところが母は、家の中では、それはひどい嫁いびりで、私は、妻に対しても、また世間に向かっても恥ずかしくてたまらない思いで過ごしてきました。念仏の信者が、どうしてあんなのだったかを、今もわからないのです。

講師の先生は、沈黙しておられました。すると、その座に同席しておられたジャクリーンさんが、このように語り始められました。

如来さまの、ご本願さまの、お念仏さまですから、すなおな心でいただきましょう。いただけば、道はただ一筋。そこには本願さまの、お念仏さまのひとすじ道が開けています。

これは、質問には直接の答えになっていないようにも思われます。しかし、心して拝聴いたしますと、「すなおな心でいただきましょう」とおっしゃるおことばが、いたく心にひびくのです。

そして続いて、

お念仏がわかるとかわからないとか申します。また、わかればいただくが、わからねばいただかないとも申します。けれども、いただけばわかります。ご本願さまですから。

とおっしゃいました。

十四歳の子どもに『歎異抄』がわかるはずありません。けれども、親鸞おじさんに〝ついてまいります〟とたまわりました一生、それからジャクリーンという自分、ただ一筋の道になりました。

こういう出遇いをされるお人、このように仏法をいただけるお方を、頓機《とんき》（すみやかに目覚める人）というのでしょう。それに対して、疑惑の思いが深く、執心《しゅうしん》の強いものは、どこまでも如来を悲しませ、どこまでも如来にご苦労をおかけする漸機《ぜんき》（次第に目覚めてゆく人）です。しかも如来は、この漸機を見捨てられることなく救いとげようというご誓願から、頓機のお人をこの世に出現せしめて、漸機であることの自覚を徹底させ、その自覚の徹底によって、漸《ぜん》頓一如《とんいちにょ》の世界―すなわち如来の浄土を与えられるのです。

まことに、素直にいただくとは、南無の心をいただいて、南無するものとなることであり、それを「信に死し」とお教えくださいます。「信に死し」とは、本願を信受することであって、その信受という絶対受動の心は、本願より生起するものですから、その信心には、「願に生きん」とする絶対能動の新生活の初めがあるのです。

三　浄土と穢土の対応

私たちは、気がついたときにはすでに、この世に生まれてきていました。人間として、重くきびしく悲しい業を背負って生きねばならないものとして、生まれてきてしまっていました。これは、自分の意志や能力などをもってしては、どうすることもできない運命であるというべきでしょうか。

如来は、自由と平等と平安を実現するために二つの世界を開顕し、それら相互の関係を明らかにしてくださいました。それが、有限と無限との対応であり、穢土と浄土との往還です。

有限からみれば無限は有限の外にあり、無限からみれば有限は無限の内にある。したがって、有限が有限であることに目覚めるのは、すでに無限のはたらきによるのです。有限が有限に徹することそのことが、すなわち無限の妙用であって、これこそが有限者における真の自由・絶対の自由です。

無限の如来に絶対に信順するがゆえに、私たちはこの有限の現生にありながら、「無限の慈悲と無限の智慧と無限の能力」を信じて、念念に、生死の人生と訣別し、如来の世界に誕生するという、新しい往生の生活、願生浄土の生活をたまわるのです。だから親鸞聖人は、ここに獲得することのできた幸福を、

如来大悲の恩徳《おんどく》は
身を粉《こ》にしても報ずべし
師主《ししゅ》知識の恩徳も
ほねをくだきても謝すべし

（「正像末和讃」・聖典五〇五頁）

（阿弥陀如来が、大悲の心をもって私たちをお救いくださる恩徳には、わが身を粉にしても報いましょう。阿弥陀如来の本願に私たちを目覚めさせてくださる祖師たちの恩徳も、わが骨を砕いても感謝しましょう）

と和讃されたのです。

まことに「知恩報徳《ちおんほうとく》」（恩を知り、徳を報ずること）こそ、謝念の実践として、聖人の生涯をつらぬく生活の基本的態度であり、その宗教思想の基底をなすものです。

弥陀の名号《みょうごう》となえつつ
信心まことにうるひとは
憶念の心《しん》つねにして
仏恩《ぶっとん》報ずるおもいあり
（「浄土和讃」・聖典四七八頁）

私たち真宗門徒にとって忘れることのできない「正信偈」も、そのお心をもって制作されたのです。すなわち、

しかれば大聖《だいしょう》の真言《しんごん》に帰し、大祖《だいそ》の解釈《げしゃく》に閲《えっ》して、仏恩《ぶっとん》の深遠《じんのん》なるを信知して、正信念仏偈《しょうしんねんぶつげ》を作りて曰《い》わく、

無量寿如来に帰命し、不可思議光に南無したてまつる。（聖典二〇三頁）

（そこで大聖・釈迦のまことのことばに帰依し、インド・中国・日本にわたる三国・七高僧の解釈をひもとき、みほとけのご恩の深く遠いことを信じ知って、正信念仏偈を作って、いう。はかりしれないいのちの如来に帰命し、はからいをこえたひかりの如来に南無したてまつる）

ところで、この〝恩〟ということにつきましては、その七十二年の人生を、両手も両足もないままに、ただ〝南無阿弥陀仏〟ひとすじに生きぬかれた中村久子さん（一八九七〜一九六八）のことを忘れることができません。

宿世にはいかなるつみをおかせしやおがむ手のなきわれはかなしき
手足なき身にしあれども生かさるるいまのいのちはとうとかりけり
（中村久子著『こころの手足』）

手足のないわたしが、今日まで生きられたのは、母のお蔭です。生きて来たのではない、生かされて来たのだと、ただただ合掌あるのみです
（同前）

この中村さんについて、瀬上敏雄《せがみとしお》さんは、

手も足もない、一歩も引けぬところに立っておられた久子さんは、それゆえに「宿業」の重さを感じ、その中から「生かされている御恩の尊さ」を人一倍感じとることが出来たのである。（同前）

と言っておられます。

この私にも病の体験がないわけではありません。それは、絶対安静三カ月、療養生活三年というもので、けっして軽いとはいえませんが、文字どおり「のどもとすぎれば熱さを忘れる」で、以来、まったく忘恩《ぼうおん》の生活なのに、中村さんは、つねに生死の巌頭に立ちつつ、〝南無〟と一歩を進め、まさしく「死して生きる」という生きかたを実践されたのです。

四肢《し》の無い子を育てて下さった親がなかったら――私もやはり二人の子らを、貧乏の中で、それも見世物小屋生活の旅がらすの体で、育てることをしなかっただろうと思うとき、亡き両親に心から有難うございました、と

お念仏させて頂くことができる。　（同前）

このようなお心にふれますと、「親から子へは通じないよ。子から親へは自然である」（小林勝次郎『揖』）ということばを想い起こさずにおれません。ここにいう「通じない」は、親のエゴ（自我）の思いを通じさせようと思ってもダメだということでしょう。それに対して「子から親へ」の思いは自然であるといわれるのです。世の中に親のない人はいないのです。

ちなみに〝恩〟とは、因の下に心を書きます。したがって恩を知るとは、因《もと》の心を知るということ、今現にこのようにしてある自分の因の心を知ることであると解することができるでしょう。だから子から親へということは、根源的には私たちのいのちの親、つまり如来因位の願心を信知するということでしょう。

中村さんが、その身をもって教えてくださいますように、人間の本当の幸福とは、いったいどういうことでしょうか。これについて清沢満之先生は、次のように教えてくださいました。

請《こ》う勿《なか》れ、求むる勿れ、爾《なんじ》、何の不足かある。若《も》し不足ありと思わば、是《こ》れ爾の不信にあらずや。

如来は、爾がために必要なるものを、爾に賦与《ふよ》したるにあらずや。若《も》し其《その》賦与に於いて不充分なるも、爾は決して、此《これ》以外に満足を得《う》ること能《あた》わざるにあらずや。（「絶対他力の大道」）

まことに世俗の眼には逆境の極《きょく》、不幸のどん底とみえる方々が、かえって逆に、狭い世間のぬるま湯から出られない不幸を愛《いと》おしみ悲しんで、真の幸福とは何か、信念の幸恵とは何かということを、きわめて明快に教えてくださっています。

中村さんは、このようにも言っておられます。

肉体はどうであろうとも、肉体を超えた魂を見つめ、魂を温めてゆくことのできる人間は、至上の幸福者だと思います。

そして、人間にとって最も大切なものは〝魂〟すなわち〝こころ〟であると言われます。

この中村さんの人生観は、有限が有限に徹すること―これが絶対無限の妙用であるということを、如実に語るものです。

親鸞聖人の教えによれば、私たち人間にとって、この人生における根源的な関心事は、何よりもまず自分自身が、「念仏して、いそぎ仏になりて」（『歎異抄』第四条）ということであり、「自力をすてて、いそぎ浄土のさとりをひらき」（『歎異抄』第五条）ということです。すなわち、浄土真宗にあっては、われら一人《いちにん》に、まず自信をえよと勧められるのです。自信なくして、教人信《きょうにんしん》（人をして信ぜしめるということ）はない。自利（みずから利益をうること）なくして、利他（他をして利益をえしめること）はない。これは、自然の道理であると申さなければなりません。

ことばをかえて言うならば、私たちが、この動乱の人生をあとにして寂静《じゃくじょう》の浄土に向かうこと―すなわち浄土への往相は、われら一人にあることであって、他の一切はすべて浄土からの妙用―すなわち如来の還相にほかならないということです。

あの『観無量寿経《かんむりょうじゅきょう》』の、いわゆる「王舎城《おうしゃじょう》の悲劇」は、骨肉あい食《は》む大逆害の事件として、世俗の眼には、いかにも無残な悲劇であるといえるでしょう。ところが、親鸞聖人は、そこに登場される人たちのすべてを、如来の方便のはたらき―すなわち「権化《ごんけ》の仁《にん》」と受けとられたのです。化身とは、如来の妙用であり、如来の還相です。

しかもその還相とは、私たちの肉体を離れて、どこか別のところにあるというものではありません。すでに曽我量深先生が、

我々は生れながらにして深重の業の所有者である。我は単なる、赤裸々でない。わが霊は未生《みしょう》以前に深重なる言教《ごんきょう》を全身に泌《し》みて生れた。

（九七頁参照）

とお教えくださいますように、この宿業のわが身こそ如来の還相にほかならないのです。すなわち、この「わが身」を離れて、どこかに王舎城の悲劇があるのではないということです。

その「広大無辺な仏心」に出遇うにあたって中村久子さんが、次のように語られるおことばを心して拝聴したいと思います。

たくさんの善知識の方によって教え導いて頂いたお蔭でここまで連れて来て頂きましたが、ほんとうの善知識は、先生たちではなく、それは私の体、「手足が無いことが善知識」だったのです。

（『こころの手足』）

四　闇にかがやく宿業

浄土真宗の生活は、これを一言でいえば、往生ということ。念仏往生・往生浄土―これが真宗の生活です。「本願を信じ、念仏を申しつつ」人間業を燃焼し、やがて完全燃焼して〝南無阿弥陀仏〟そのものになっていく生活です。

　したがって、ここには親鸞聖人が、その身みずからをもってお教えくださいましたように、世俗の社会にあるような、いわゆる定年もなく、また隠居もないのです。このような生き方は、ひとり真宗の生活のみにかぎらず、ひろく芸術や思想、あるいは宗教などにかかわる人びとに共通の生活態度であるともいえるのではないでしょうか。

　遊行上人《ゆぎょうしょうにん》としてよく知られた一遍《いっぺん》上人は、三十六歳のとき、熊野権現《ごんげん》の神示を受けて悟りを開かれたと伝えられていますが、それからの生涯は、いわゆる捨聖《すてひじり》となって、すべてを捨てて捨て果てての旅でした。行き交う人びとに「南無阿弥陀仏決定往生六十万人」と書いた小さな賦算札《ふさんふだ》を与えて歩かれるその旅は、五十一歳でお亡くなりになるまで続けられたといいます。

康元《こうげん》二《に》歳《さい》丁巳《ひのとのみ》二月《にがつ》九日夜《ここぬかのよ》
寅時《とらのとき》夢《ゆめに》告《つげて》云《いわく》

弥陀《みだ》の本願信ずべし
　本願信ずるひとはみな
　摂取不捨《せっしゅふしゃ》の利益《りやく》にて
　無上覚《むじょうかく》をばさとるなり
（「正像末和讃」・聖典五〇〇頁）

（一二五七年、聖人八十五歳、三月十四日に正嘉《しょうか》と改元。寅時は、今の午前四時頃、およびその前後約二時間。阿弥陀仏の本願を信ぜよ。本願を信ずる人はみな、大悲の智慧の光の中に摂《おさ》め取って、捨てられることのない誓願のご利益によって、無上のさとりを得るのである）

この和讃は、ご承知のとおり「正像末和讃」ご制作の契機となったものと伝えられていますが、その御草稿本（したがき）には、「この和讃を、夢に仰せを蒙《かぶ》りて、うれしさに書き付け参らせたるなり（この和讃を、夢の中で、どなたの仰せであったのか明らかでないが、お言葉をたまわって、うれしさのあまり、書きとめもうしあげるのである）。正嘉元年丁巳壬《ひのとのみうるう》三月一日　愚禿親鸞八十五歳　書之《これをかく》」

とあります。

聖人の文書による伝道は、それこそ力のつきるまで、いのちのあるかぎり、でした。「目もみえず候う。なにごともみなわすれて候う」(『末燈鈔』第八通)といわれながら、たとえば、

『如来二種回向文《にょらいにしゅえこうもん》』　八十四歳

『一念多念文意《いちねんたねんもんい》』　八十五歳

『尊号真像銘文《そんごうしんぞうめいもん》』　八十六歳

これらの書物を著し、また先に紹介しました「なによりも、こぞことし…」というお手紙は、実に八十八歳の御筆です。まことにこの伝道教化のご生活は、聖人ならではのことです。

しかし、ひとたび聖人によって開顕された真宗の生活は、万人に公開された普遍・平等の大道です。われらは、みな・ひとしく・おなじく、この正信念仏を道として、彼岸の世界への人生をわたらしめられるのです。ここにまず私た

ちは「人身《にんじん》受け難《がた》し、いますでに受く」（三帰依文）と、人間に生まれることのできた幸せをよろこび、「仏法聞き難し、いますでに聞く」（同前）と、今現にいのちを与えられて生きつつあることの意義を、さらに深くたずねずにはおれません。

私たち人間が、今、人間として生かされて生きているのは、この生きるということそのことに意味がある、生きるということそのことが仕事である、ということでしょう。意味とは、人間存在それ自身に与えられている無価《むか》の宝――すなわち〝南無阿弥陀仏〟であり、そして仕事とは、この南無阿弥陀仏の心に目覚めて、この身みずから南無阿弥陀仏そのものになるということです。

弥陀の本願には老少善悪のひとをえらばれず。

（『歎異抄』第一条・聖典六二六頁）

だから、ここに要求されるのは「ただ信心を要とするとしるべし」（同前）とあるように、わが信念の確立なのです。

いつわりなくごまかしなく自己を凝視し、内観《ないかん》の歩みを徹底すること。真実に自信を獲得し、愚《ぐ》に帰り、仏智の不思議をたのんで罪福《ざいふく》にまどう心を離れること。うたがいなくふたごころなく深く如来の本願のまことを信じ、死生そのものを如来の威神力《いじんりき》に寄託して生きること。ただひとすじに仏道の歴史に信順し、この伝統を継承するものとなること。このような内容をもつところの往生生活は、ことばを換えていえば、それは、

仏に従いて逍遙《しょうよう》して自然《じねん》に帰《き》す。自然はすなわちこれ弥陀《みだ》の国なり。
（『教行信証』真仏土巻所引「法事讃」・聖典三二一頁）

です。逍遙とは、そぞろ歩きです。俗にありつつ俗に誘われず、俗をこえる力をたまわって俗を生きる、ということでしょうか。たとえそれが苦悩であり悲劇であり逆境であるにしても、念仏はよく転悪成徳《てんまくじょうとく》してくださる（悪を転じて徳を成してくださる）のです。しかしながら、

浄土真宗に帰すれども

真実の心《しん》はありがたし
虚仮《こけ》不実のわが身にて
清浄の心《しん》もさらになし
（愚禿悲歎述懐「正像末和讃」・聖典五〇八頁）

（浄土真宗に帰依するけれども、まことの心はなく、外面は真実らしくみせて、内心はうそいつわりのわが身であって、きよらかな心もさらにない）

と、親鸞聖人における自己省察《しょうさつ》のあゆみ、内観道の実践は、まことにきびしいものです。まことに「光いよいよ明らかにして闇いよいよ深く、闇いよいよ深くして光いよいよ明らかである」（金子大榮）。ここに明とありますのは『涅槃経』によりますと、出世間《しゅっせけん》―すなわち如来の世界であり、そして闇とは、世間―すなわち人間の住む穢土です。

したがって、和讃にみられる聖人の自覚（すなわち機の深信）の表白は、如来の光に摂め取られ、その摂取の心光《しんこう》に照護されてのことであって、聖人は、無碍の光明の中に、人間の自性の底の底をみつめつつ、その闇の業報を、闇にかがやく宿業として、和讃しておられるのでしょう。それゆえに聖人の、深重の悲しみ歎きをうたわれた「愚禿悲歎述懐《ぐとくひたんじゅっかい》」には、有限が有限に徹してあることのさわやかささえ感じられるのです。

だから、「浄土真宗に帰すれども」と、ただちに真実そのものになることのできない悲しみは、どこまでもはてのない無底の悲しみであるのでしょうが、そこには、悲しみそのものになりきって悲しむという明るさが感じられるのです。おそらくこれは、懺悔の悲しみだからでしょう。機における懺悔は、すなわちそのまま仏法の讃嘆《さんだん》であり、感謝の喜びです。それが、

無慚無愧《むざんむき》のこの身にて
　まことのこころはなけれども
弥陀《みだ》の回向《えこう》の御名《みな》なれば
　功徳は十方《じっぽう》にみちたまう
（同前・五〇九頁）

（人に羞《はじ》る心もなく、天に羞る心もない、羞知らずのわが身であり、まことの

心のない人間だけれども、阿弥陀如来のまこと心からたまわる名号―南無阿弥陀仏―であるから、その功徳は、わが身にみちみつるばかりでなく、おのずから広く十方にみちてくださるのである）

と和讃されるのです。光に照らされて闇を悲しみ、闇を闇と知って光をたたえる。まことに不可思議の悲喜《ひき》交流と申さねばなりません。

聖人のご臨終は、その伝記によりますと、

弘長《こうちょう》二《に》歳《さい》　壬戌　仲冬《ちゅうとう》下旬の候《こう》（一二六二年十一月二十日頃）より、いささか不例《ふれい》の気まします。自爾以来《それよりこのかた》、口に世事《せじ》をまじえず、ただ仏恩《ぶっとん》のふかきことをのぶ。声に余言《よごん》をあらわさず、もっぱら称名《しょうみょう》たゆることなし。しこうして同《おなじき》第八日午時《うまのとき》、頭北面西右脇《ずほくめんさいうきょう》に臥《ふ》し給《たま》いて、ついに念仏の息たえましましおわりぬ。

（『御伝鈔』・聖典七三六頁）

とあります。

「口に世事をまじえず、ただ仏恩のふかきことをのぶ。声に余言をあらわさず、もっぱら称名たゆることなし」。まことに荘厳《そうごん》なる往生生活の最後です。そうして「ついに念仏の息たえましましおわりぬ」。ここに聖人は、念仏の息たえて、南無阿弥陀仏そのものとなられたのです。

「聖人のつねのおおせ」が、『歎異抄』には、次のように伝えられてあります。

弥陀の五劫思惟《ごこうしゆい》の願をよくよく案ずれば、ひとえに親鸞一人《いちにん》がためなりけり。されば、そくばくの業《ごう》をもちける身にてありけるを、たすけんとおぼしめしたちける本願のかたじけなさよ　（後序・聖典六四〇頁）

（阿弥陀仏が五劫のあいだ思惟して、念仏をえらんでくださった本願のおこころを、よくよく考えてみると、ひとえに親鸞一人のためであった。思えば、かぞえきれないほど多くの罪業をかさねてきたこの身であるのに、それをたすけようと、思いたってくださった阿弥陀仏の本願は、なんとかたじけないことであろうか）

ここに、親鸞一人がためとご述懐くださるご法語は、まさしく死して生きてくださる、永遠の聖人です。ここに、十方衆生を荷負して歩みつづけてくださる常住の聖人がおられるのです。

最後に、ご和讃の一首を拝読いたしまして、終わらせていただきます。

南無阿弥陀仏の回向《えこう》の
恩徳広大《おんどくこうだい》不思議にて
往相《おうそう》回向の利益には
還相《げんそう》回向に回入《えにゅう》せり

（「正像末和讃」・聖典五〇四頁）

（南無阿弥陀仏には、私たち衆生を浄土に往くようにさせる往相と、浄土から還るようにさせる還相の、二種の回向を成就して、それをこの名号として与えてくださるのである。その恩徳はまことに広大不思議であって、浄土へ往く往相回向の利益によって、はからずも、浄土から還る還相回向のはたらきに回入することとなった）

伊東　慧明（いとう　えみょう）

1930（昭和５）年三重県生まれ。大谷大学大学院博士課程修了。元大谷大学助教授。2013（平成25）年逝去。著書『阿弥陀経に聞く』（教育新潮社）、『歎異抄の世界』（文栄堂書店）など。

望郷《ぼうきょう》の問《と》い—永遠《えいえん》の人《ひと》 親鸞《しんらん》—

2023（令和５）年５月28日　第１刷発行

著　　者　伊東慧明
発 行 者　木越　渉
編集発行　東本願寺出版（真宗大谷派宗務所出版部）
〒600-8505　京都市下京区烏丸通七条上る
TEL　075-371-9189（販売）
075-371-5099（編集）
FAX　075-371-9211
印刷・製本　中村印刷株式会社
装　　幀　森田デザインプロダクション

ISBN978-4-8341-0670-1　C0115